臨場感あふれる解説で、楽しみながら歴史を"体感"できる

世界史劇場
フランス革命の激流

河合塾講師 神野正史 [著]

はじめに

　現在、我々が住む日本社会では、国民に主権が与えられ、貧富や貴賤の区別なく等しく選挙権が与えられ、教育を受ける権利が与えられ、法の下の平等が施行され、思想・信条・発言の自由が与えられています。

　それらは、空気の如く"当たり前"のようにそこにあるため、人々はいつしかその有難味も忘れ、「勉強なんかしたくねぇー！！」と叫び、選挙にも行かない者も現れます。

　しかしながら、この「教育権」や「選挙権」、どれひとつ取ってみても、ほんのついこの間まで、それは"当たり前"ではなく、これを勝ちとるために、どれほどの多くの人々が血を流してきたことかしれません。

　いえ、国によっては、現在でもそれは"当たり前"ではありません。

　まともな教育・選挙もない国家、または「教育」の名の下にゆがんだ知識を国民に植えつけつづける国家、形だけの「選挙」を装いつつ実際には「出来レース」「イカサマ選挙」の国家もまだまだ多い。

　では、そうした「国民主権」「教育権」「法の下の平等」「思想・信条・発言の自由」などを基盤とした先進諸国の社会は、いつから始まったのでしょうか。

　生まれついて五体満足で健康な人には、どうしてもその有難味がわからないものです。

　たとえば筆者は生まれつき右腕が動きませんので、その有難味は痛いほどよくわかりますが、健常者が本当の意味でそれを理解するのは、自分が事故や老齢で"その身"になったときのみでしょう。

　それと同じように、今我々が暮らしているこの社会を理解しようとするとき、我々の社会の政治・経済・文化そのものをどれほど学ぼうとも、これを真に理解することはできません。

　その基盤となる価値観がまだ存在しなかった時代まで遡り、そうした社会の苦悩を肌で感じ、そこからどのように諸権利を獲得していき、そして現在に至ったのか。

　その「事始め」から学ばなければなりません。

その格好の教材こそが「フランス革命」と言えます。
　文字通り"血で血を洗うような"壮絶な10年にもおよぶ革命の中から、現代の先進諸国では当たり前となっている社会が生まれてきたのです。
　二百云十年も前の、地球の裏側で起こった出来事なんかどうでもいいや。
…ではないのです。
　フランス革命を学ぶことは、我々自身を学び、そして理解することです。
　では、我々の社会に「自由（リベルテ）」「平等（エガリテ）」をもたらしてくれたフランスは幸せになれたのでしょうか。
　じつは「否」です。
　フランスはこの革命以降も、悶絶して苦しみもがくことになります。
　フランス革命で10年間にもおよぶ大動乱を経たと思ったら、つぎの10年は「ナポレオン戦争」という相次ぐ戦争の時代へ。
　それが済んだかと思えば、今度は15年にもおよぶブルボン反動時代。
　さらにその後も、七月革命、二月革命、ナポレオン3世の独裁…と、不安定な時代は延々とつづくことになります。
　フランスはなぜ「失敗」したのでしょうか。
　そこにも我々は学ぶべき点が限りなくあります。
　大学受験でもきわめて出題頻度が高いにも関わらず、毎年、受験生が苦手とする「フランス革命」。
　さほどに複雑な動きをし、理解しにくい革命でもありますが、近代社会の基盤をつくった、たいへん重要な革命です。
　本書が、その理解の「はじめの一歩」となってくれるなら、こんなにうれしいことはありません。

２０１５年３月　　　　神野正史

本書の読み方

　本書は、初学者の方にも、たのしく歴史に慣れ親しんでもらえるよう、従来からの歴史教養書にはない工夫が随所に凝らされています。
　そのため、読み方にもちょっとしたコツがあります。
　まず、各単元の扉絵を開きますと、その単元で扱う範囲の「パネル（下図参照）」が見開き表示されています。
　本書はすべて、このパネルに沿って解説されますので、つねにこのパネルを参照しながら本文を読み進めていくようにしてください。

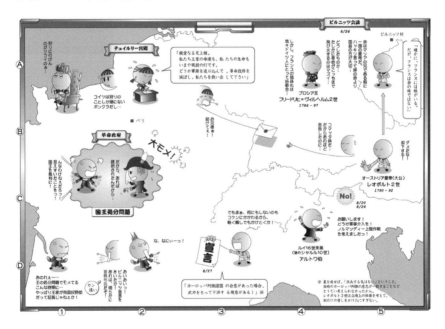

　そうしていただくことによって、いままでワケがわからなかった歴史が、頭の中でアニメーションのようにスラスラと展開するようになります。
　ぜひ、この読み方をお守りくださいますよう、よろしくお願いします。
　また、その一助となりますよう、本文中には、その随所に (A-4) などの「パネル位置情報」を表示しておきました。
　これは、「パネルの枠左の英字と枠下の数字の交差するところを参照のこと」

という意味で、たとえば (A-4) と書いてあったら、「A段第4列のあたり」すなわち、前ページパネルでは「フリードリヒ＝ヴィルヘルム2世」のあたりをご覧ください。

なお、本パネルの中の「人物キャラ」は、てるてる坊主みたいなので、便宜上「てるてる君」と呼んでいますが、このてるてる君の中には、その下に「肩書・氏名・年号」が書いてあるものがあります。

ジャコバンクラブ員
ロベスピエール
1789 - 94

この「年号」について、注意点が2つほど。

まず、この年号はすべて「グレゴリウス暦」で統一されています。

したがいまして、イスラームを解説したパネルであっても「ヒジュラ暦」ではありませんし、革命暦時代のフランスが描かれたパネルであっても「革命暦」ではありません。

また、この「年号」は、そのすぐ上の「肩書」であった期間を表しています。

したがいまして、同じ人物でも肩書が違えば「年号」も変わってきますのでご注意ください。

たとえば、同じ「ロベスピエール」という人物でも、その肩書が、
「国民議会議員」のときは、その任期 (1789-91) が、
「ジャコバンクラブ員」のときは、その所属期間 (1789-94) が記されています。

また、本文下段には「註欄」を設けました。

この「註」は、本文だけではカバーしきれない、でも、歴史理解のためには、どうしても割愛したくない、たいへん重要な知識をしたためてありますので、歴史をより深く理解していただくために、本文だけでなく「註」の説明文の方にも目を通していただくことをお勧めいたします。

それでは、「まるで劇場を観覧しているかの如く、スラスラ歴史が頭に入ってくる！」と各方面から絶賛の「世界史劇場」をご堪能ください。

CONTENTS

はじめに　3
本書の読み方　5

第1章　革命前夜

第1幕　ハンサムボーイの治世
ルイ15世時代　11

第2幕　革命へのカウントダウン
アンシャン＝レジーム　27

第3幕　善きに計らえ
ルイ16世の即位　39

第4幕　潰される財政改革
特権身分の"反乱"　55

第5幕　革命の引き金
三部会の開催　65

第6幕　ならば、あちらで！
球戯場の誓い　77

第7幕　「国王宣言」はいかに
特権身分の動揺　85

第2章　革命勃発

第1幕　武器を取れ！
廃兵院襲撃事件　93

第2幕　これは"暴動"にあらず
バスティーユ牢獄襲撃事件　103

第3幕	**「大恐怖」を鎮圧せよ！**
	封建的特権の廃止宣言と人権宣言　　　　　　　　115

第4幕	**パリジェンヌの行進**
	十月事件　　　　　　　　　　　　　　　　　　　127

第5幕	**怒れる僧侶たち**
	革命政府の諸政策　　　　　　　　　　　　　　　137

第6幕	**呑気な亡命**
	ヴァレンヌ逃亡事件　　　　　　　　　　　　　　147

第3章　フィヤン政府

第1幕	**革命の舞台裏**
	政治クラブの母体と変遷　　　　　　　　　　　　161

第2幕	**エリートだけの政治クラブ**
	フィヤンクラブの成立　　　　　　　　　　　　　171

第3幕	**署名運動に現れた軍隊**
	シャン＝ド＝マルス広場虐殺事件　　　　　　　　179

第4幕	**"形だけ"の脅し**
	ピルニッツ宣言　　　　　　　　　　　　　　　　185

第5幕	**有産者のための憲法**
	1791年憲法　　　　　　　　　　　　　　　　　　195

第6幕	**開戦に渦巻く欲望**
	立法議会の成立　　　　　　　　　　　　　　　　201

第4章　ジロンド政府

第1幕	**好戦的内閣 vs 好戦的皇帝**
	仏墺開戦　　　　　　　　　　　　　　　　　　　209

第2幕	素人集団のSOS
	「祖国は危機にあり」宣言　　215

第3幕	ロベスピエール煽動す！
	ブラウンシュヴァイク公宣言　　223

第4幕	拒否権野郎を倒せ！
	八月十日事件　　231

第5幕	砲戦の中の「ラ・マルセイエーズ」
	ヴァルミーの戦と国民公会の成立　　241

第6幕	一票差が決めた運命
	ルイ16世の処刑　　253

第7幕	自らが招いた危機
	第1次対仏大同盟　　271

第5章　ジャコバン独裁

第1幕	熾烈な抗争の末に
	ジロンド追放　　281

第2幕	きっかけは、マラー暗殺
	ジャコバン独裁体制整備　　287

第3幕	ギロチンの下の自由
	ジャコバン独裁政治　　299

第4幕	反革命分子を絶滅せよ
	エベールとダントンの処刑　　309

最終幕	絶頂と終焉
	テルミドール9日のクーデタ　　321

Column コラム

ルイ16世は名君？	15
フリードリヒ2世の心傷	26
バランスの重要性	38
マリーの嫁入り	43
首飾り事件	47
三部会の議決方式	62
親臨法廷	64
国民と人民の違い	75
オルレアン公	92
行きずりの老婆は…	102
ルイ16世の日記	114
人間および市民	126
フランス革命第一報！	133
パンがなければ…	136
ミラボーの最期	153
国民衛兵と連盟兵	230
ラ・マルセイエーズ	240
鍵師ガマンの煩悶	261
聖人第一号の末路	263
動じない王	270
囲む師は闕く	280
マラーの最期	298
徳か、才か	320
王朝の正統性	329
ルイ17世の最期	332

第1章　革命前夜

第1幕

ハンサムボーイの治世
ルイ15世時代

「太陽王」ルイ14世から治世を受け継いだルイ15世の御世、相次ぐ対外戦争、贅を尽くした宮廷生活によってすでに財政は破綻していた。そうした中、隣国オーストリア帝国との和解が進み、その皇女がフランス王太子の下に嫁いでくる。彼女こそ、マリー＝アントワネット。フランス革命の条件はすでに整っていた。

ブルボン朝 第4代
ルイ15世

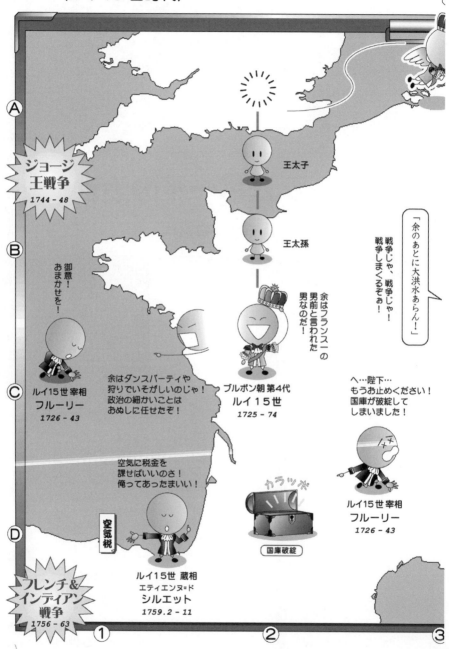

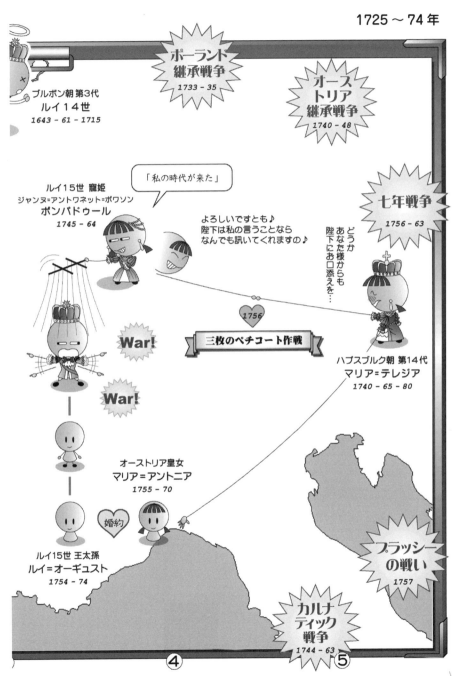

フランス革命は、ルイ16世の御世に勃発しました。
　そのこともあって、ルイ16世の責任でないものまで、何でもかんでも彼のせいにされ、実際以上に「暗君」として扱われてきた側面があることは否めません。
　最近では、その反動であるかのように、ルイ16世の評価が急上昇し、
「じつは！　ルイ16世は賢明な王だった！」
…と主張する文献も増えてきています。
　しかし、筆者はそうは思いません。(＊01)
　それら"盛られた部分"を差し引いてもなお、やはり彼は「暗君」、贔屓目に見ても「凡君」であったことは間違いないでしょう。
　もっとも、もし彼がルイ13世、14世、15世の時代に生まれていれば、時代の勢いの中で「無能」な部分は掻き消されて、「おやさしい王様」として讃えられ、天寿を全うしていたでしょうが。
　さて。
　そのルイ16世の御世から100年ほど遡ると、「太陽王」と賞賛され、「国家それ即ち朕なり！」と豪語、"我が世の春"を謳歌したルイ14世（A-3）の時代になります。
　しかし、すでにそのころ"破滅の跫音"は聞こえていました。
　ルイ14世は、その絶頂を背景に、壮麗なヴェルサイユ宮殿を創建させ、豪奢な宮廷生活を営み、大規模な侵略戦争をつぎつぎと展開していきます。
　おもなものだけでも、ヨーロッパでは、南ネーデルラント継承戦争、オランダ侵略戦争、ファルツ継承戦争、スペイン継承戦争など。
　さらにこれらの戦争と連動して、大西洋を乗り越えたアメリカ大陸でも、ウィリアム戦争、アン女王戦争など。

（＊01）そうした意見を踏まえた上でも、やはり「ルイ16世は暗君」だと筆者は思っていますので、本書は「暗君」路線で話を進めます。詳しくは、右コラム欄を参照のこと。

Column ルイ16世は名君?

　本文でも触れましたように、献上によっては「ルイ16世はむしろ"賢明な王"であった」などと評価されていることがあります。
　たしかに古い文献では、ルイ16世を「暗愚」「愚鈍」と必要以上に蔑(さげす)む傾向があったのは事実ですが、だからといって「賢明な王であった」とするのは"極論"だと筆者は感じています。
　本書を読み進めていただければご理解いただけるかと思いますが、旧来謂われていたほどひどい王ではなかったにせよ、やはり「暗君」であったことは間違いないでしょう。
　「ルイ16世"名君"説」の論拠を挙げてみますと──

- アメリカ独立戦争に積極的援助を与え、"アメリカ建国の父"となった。
→ それはアメリカ独立派にとっては恩恵だったでしょうが、フランス国民にとっては国家財政が悪化しただけで、何の益もありませんでした。むしろ革命勃発を促進させ、彼の暗君ぶりを示す出来事です。
- 信仰寛容令を発布し、また海軍改革も行った。
→ すべて家臣が立案し、制定し、施行したものであって、ルイ16世は「善(よ)きに計(はか)らえ」と言っていたにすぎません。
- 刑罰の人道化を行った。
→ 彼がたいへん温厚な性質であったことは誰もが認めるところですが、「やさしい」ということと「王才がある」こととは別問題です。
- 一夫一婦制のモラルを先取りし、愛人を持たない賢明な王だった。
→ それは、彼が若いころは性交(セックス)不能者だったためであり、施術後も「極度の性的劣等感(セックスコンプレックス)」または「性質(よ)」に拠るものであって、"モラルを先取りした"わけでもなんでもありません。
- 錠前・地図作りなど"頭脳の明晰さ"を裏づける多彩な趣味があった。
→ 所謂(いわゆる)「オタク」なだけであり、"頭脳の明晰さ"とは関係ありません。

　このように、「ルイ16世"名君"説」の論拠はきわめて"コジツケ感"の強いもので、対極にある「暗君説」と同じ轍(てつ)を踏んでいます。

しかも、それらの戦争のほとんどは国益をもたらすことなく、むしろ莫大な損失を出すものばかりでした。
　こうして支出は嵩（かさ）み、より一層、収入増大を考えなければならないのに、ここでルイ14世は、フォンテンブロー勅令を発します。
　なんと、これはナント勅令（＊02）を廃したもので、絶対主義君主に睨（にら）まれることになった商工業者（ユグノー）たちの安住の地は、もはや国内になくなってしまいます。
　こうして商工業者（ユグノー）たちは一斉に国外に亡命しはじめたため、国内産業は空洞化し、国家財政は急速に傾くことになったのです。
　財政は絶対主義を支える基盤です。
　それを破綻（はたん）に向かわせる原因を作ったこの瞬間、フランスはすでに「フランス革命」に向かって走っていたと言えます。
　ルイ14世の治世はあまりにも長かったため（＊03）、彼が亡くなったとき、すでに子も孫も死に絶えており、次王のルイ15世（C-2）は、彼の曾孫（ひまご）でした。

ブルボン朝 第3代
ルイ14世

（＊02）1598年、ブルボン朝初代アンリ4世が、商工業の担い手であった新教徒（ユグノー）たちに、カトリックと同等の信教の自由を認めたもの。これにより、商工業者たちは安心して働くことができるようになり、フランス絶対主義の礎が築かれていったのでした。

（＊03）享年76歳（満）。その治世年間は世界最長の72年。アジア最長は昭和天皇の62年（摂政時代も含めれば67年）、アフリカ最長はラムセス2世の66年。

新王となったルイ15世は、「フランス一の男前」と言われるほどのハンサム男でしたが、そのためか、彼はもっぱら女にかまけ、政治には関心を示さず、ほとんど大臣任せ。

しかし、彼の治世初期には、それが却って奏功します。

すぐれた政治家Ａ．Ｈ．フルーリー（C-1）が宰相として(＊04)その敏腕を振るってくれたからです。

彼は「平和外交」を基礎とし、宮廷には緊縮財政を敷いて国家収支を安定させることに成功(＊05)、先王の度重なる対外戦争で社会に蔓延していた逼塞感を払拭させることに成功しています。

しかし、その彼も歳には勝てず。

（＊04）フルーリーは、正式に「宰相」の地位に就くことを頑なに拒んだため、ついに「宰相」となることはありませんでしたが、実質的には「宰相」でした。国王は、彼の肩書「枢機卿（教会組織の中で教皇に次ぐ地位）」を以てその代わりとします。

（＊05）ルイ14世の御世に財政が赤字に転落して以来、フランス革命で王朝が滅亡するまで、収支が安定したのは、フルーリの時代のみでした。

老齢(＊06)とともに、徐々に政敵の抬頭(たいとう)を抑(おさ)えきれなくなり、ついにポーランド継承戦争（A-4）を皮切りに、ふたたび対外戦争の嵐が吹きはじめます。
　フルーリーは、戦争を避けるべく、必死に王を説得します。(C/D-2/3)
――陛下！
　　近年は多少落ち着いているとはいえ、
　　依然として我が国の財政は逼迫(ひっぱく)しております！
　　戦争は急速に国家財政を悪化させます！
　　どうか、ご自重いただきますよう！
　しかし、時の流れには抗(あら)えず。
　つぎのオーストリア継承戦争（A-5）中、ついに彼が亡くなるや、もはや戦争を止める者とていなくなり、あとは堰(せき)を切ったかのように、戦火はヨーロッパから大洋を乗り越えて、アメリカ・インドへと波及し、フランスはまさに"世界規模"へと拡大した戦争(＊07)をつづけることになります。

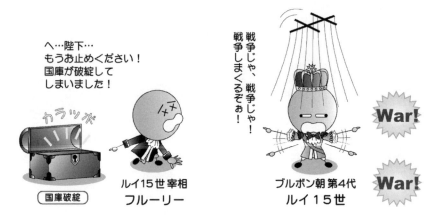

（＊06）このころのフルーリーは、すでに御歳80歳でした。享年は89歳。
（＊07）具体的には、ジョージ王戦争（A/B-1）・フレンチ＆インディアン戦争（D-1）(於アメリカ)、七年戦争（A/B-5）(於ヨーロッパ)、カルナティック戦争（D-5）・プラッシーの戦（D-5）(於インド) など。

　先王の御世ですでに傾きはじめた国家財政は、フルーリーの政治手腕でなんとか均衡を保っていたものの、ここにきてついに破綻（D-2）。
　ここで、歴史を紐解いてみると。
　そもそも洋の東西を問わず古今を問わず、政府が財政破綻を起こすときというのは、いつも汚職政治家が政府のすみずみにまで蔓延し、彼らが国を喰いモノにし、政治腐敗の窮みに達しているときです。
　健全な政府が財政破綻を起こすことなど、まずありません。
　したがって、ひとたび国家財政が傾くと、これを改善するのは至難の業となります。
　財政再建のためには、すぐれた政治家が立ち、財政悪化を招いた根本原因を炙りだし、「財政改革」を実施しなければなりませんが、そのときすでに「すぐれた政治家」など政府中枢にいないからです。
　たとえ残っていたとしても、大多数を占める汚職政治家が足を引っぱって、改革の表舞台に立てず、たとえ立てたとしても、改革はことごとく彼らによって妨害され、骨抜きにされるからです。(＊08)

(＊08) 北宋王朝において、第6代 神宗の御世に財政破綻を起こしたときもそうでした。
　　　財政改革に立ちあがった王安石自身はすぐれた政治家でしたが、彼の改革は、汚職官僚たちによってことごとく反対され、骨抜きにされ、結局、失敗に終わります。こうして北宋王朝はほどなく滅亡しますが、欲に目が眩んだ汚職政治家というのは、「今、財政改革を成功させねば、国家そのものが亡びる」ということすら、まったく理解できません。

そもそも「すぐれた政治家による改革」に至ること自体が稀(まれ)で、ほとんどの場合、汚職政治家自身が前面に立ち、口先だけの「改革」を叫びます。
　もちろん、彼ら自身が"諸悪の根源"なのですから、有効な政策・改革など、打ち出せるはずもありません。
　こうした汚職政治家が実施する「改革」といえば、ほとんど唯一、ナントカのひとつ覚えのように「増税」です。
　しかも、「増税によって得られた増収分は、すっかり汚職政治家のポケットに入る仕組みになっている」という"オチ"までついて、滅亡まで一直線。
　当時のフランスに話を戻しましょう。
　こんな情勢の中で蔵相を任されたのが、Ｅ(エティエンヌ)．シルエット（D-1/2）。
　まず彼は、支出を抑えるため、質素・倹約を唱え、自ら範をとって"節約生活"を心がけました。
　たとえば。
　当時の貴族(ノブレス)は「絵師に大枚をはたいて自分の肖像画(ポートレート)を描かせる」のがステータスでしたが、シルエットは「肖像画(ポートレート)に大金注ぎ込むなんて贅沢(ぜいたく)だ！」と、自分の肖像画(ポートレート)に「影絵（輪郭だけを残してその内側を真っ黒に塗りつぶす）」のような絵を描(か)かせて、絵師への礼金をケチりました。(＊09)
　な…何かが違う…。
　節約ってそういうことじゃない…。
　「自ら範となる」という彼の態度(スタンス)はよいのですが、このように、彼には少々ヌケたところがありました。
　また「無能政治家」のご多分に漏れず(＊10)、彼もまた「増税」を考えましたが、当時すでにありとあらゆるものに限界めいっぱい税金が課せられており、「新税」を課す対象すら見つからない状態。

（＊09）以来、この「影絵」のような絵柄のことを、彼の名前をとって「シルエット」と呼ぶようになります。

（＊10）彼はのちに「無能大臣」と蔑まれるようになります。

シルエット蔵相は頭を抱えましたが、ふと、グッドアイディア（？）が思い浮かびます。
「そうじゃ！
　まだ"空気"には税金がかけられておらぬではないか！
　歴代蔵相の誰もそこには気がつかなんだようじゃな！
　これからは、空気を吸った者に税金を課すことにしよう！」
　これが悪名高き「空気税」(D-1)です。

空気に税金を
課せばいいのさ！
俺ってあったまいい！

ルイ15世 蔵相
エティエンヌ＝ド
シルエット

　やはり彼はどこかヌケていました。
　そんなことをすれば、当然のごとく市民からの猛反発を喰らうに決まっていますが、どうも彼にはそれがわからなかったようです。
　結局、実施には至らず、それどころか、これにより彼は評判を著しく落とし、ほどなく失脚することになります。(＊11)
　ところで。
　さきにも触れましたように、時の国王ルイ15世は、生涯「女」に現を抜かし、「女」に操られた王でした。

(＊11)蔵相在任期間わずか9ヶ月。1年と保ちませんでした。

ここでいう「女」とは王妃のことではありません。
　ルイ15世の王妃は、ポーランド王女の「マリー＝レクザンスカ」という由緒正しき女性ではありましたが、当時のフランスの「王妃」は、単なる「政略結婚の相手」であって、別段"愛"があるわけでもなく、単なる「お飾り」にすぎません。
　王の愛はもっぱら「公妾（メートレス ロワイヤル）」（＊12）に注がれます。
　ルイ15世の公妾は、ポンパドゥール侯爵夫人（A/B-3/4）（＊13）でしたが、彼は、彼女にいいように操られます。（B-3/4）
　その彼女の言葉、「私の時代が来た！」（A-4）はたいへん象徴的で、地位こそあくまで「公妾」ですが、事実上は"女帝"のような存在。
　ところで。
　当時（18世紀半ば）のヨーロッパには4つの大国がありました。
・西欧No.1の大国：フランス　　王国
・中欧No.1の大国：オーストリア帝国
・東欧No.1の大国：ロシア　　　帝国
・北欧No.1の大国：スウェーデン王国
　そのうち、オーストリアとロシアでも"女帝"が君臨（＊14）していました。
　当時のオーストリアは、シュレジエン（＊15）を巡ってプロシアと激しく敵対しており、さきの戦争（＊16）で奪われた彼の地（シュレジエン）の奪還に燃えていました。
　しかし。
　オーストリアがプロシアと戦うためには、どうしてもフランスを味方につけておく必要があります。

（＊12）「公式寵姫」とも訳され、フランス国王が一時に1人だけ持つことが許された正式な愛人。
（＊13）本名は「ジャンヌ＝アントワネット＝ポワソン」。もともと第三身分（銀行家（チエールジタ））の娘。
（＊14）オーストリアの女帝（正式な地位は「大公」）が、マリア＝テレジア（1740～80年）、
　　　　ロシアの女帝が、エリザベータ＝ペトローヴナ（1741～62年）。
（＊15）沃土と地下資源に恵まれた地帯。現在のポーランド領西部に位置するところ。

当時、プロシアは小国、オーストリアは大国ですから、1対1ならけっして負ける相手ではありません。
　しかし、もしオーストリアがプロシアに宣戦すれば、プロシアは間違いなくフランスに救援を要請するでしょう。
　そうなれば、フランスはかならずプロシアを支援する(＊17)に決まっていますし、それは同時に、フランスと同じブルボン朝のスペインも敵にまわしてしまうことを意味します。
　オーストリアは、北からプロシア、西からフランス、南からは海を経てスペインと、三方から攻めたてられることになるのです。
　さきの戦争(＊16)でも、この構図でシュレジエンを奪われました。
　前車の轍を踏むわけにはいきません。
　とはいえ、オーストリアが、
「シュレジエンを取り返したいので仲良くしてください」
…と申し入れたところで、"200年来の仇敵"のフランスが、
「それはお困りでしょう、いいですとも！」
…などと答えるわけもありません。
　そこで。
　墺宰相 W．A．カウニッツ伯爵は、なんとしても同盟をまとめんとして、一計を案じます。
「将を射んと欲すれば、先ず馬を射よ！」
　つまり、将（ルイ15世）ではなく、馬（ポンパドゥール夫人）に接近し、これを説得しようとしたのです。

（＊16）前でもチラリと出てきた「オーストリア継承戦争」のことです。
　　　　この戦争については、本書では詳しく触れません。それはまた別の機会に。
（＊17）当時のフランス（ブルボン朝）とオーストリア（ハプスブルク朝）は、まだフランスがヴァロア朝フランソワ1世の御世に、神聖ローマ皇帝マキシミリアン1世と対立して以来、200年以上にわたってつねに敵対関係にあった仇敵同士でした。

「ご存知のように、我が君も女帝です。
　両国が近づけば、女性同士、酸いも甘いも分かち合える間柄となりましょう。
それに比べて、女性蔑視発言を繰り返すフリードリヒ2世[*18]は目に余るものがあるとは思いませぬか？
しかも、プロシアはフランスの宿敵イギリスと同盟を結びましたぞ！[*19]
これからは女性同士、あの"女の敵"に対して共闘していきましょう！」
　この説得工作は当たり、見事、仏墺同盟[*20]が成立します。（B-4/5）
　これは、ただ単に「フランスとオーストリアという2ヶ国が同盟を結んだ」ということを意味するものではありません。
　ここ200年来、複雑なヨーロッパの外交関係は「ヨーロッパ屈指の二大国（仏vs墺）の敵対関係」を基軸として動いてきました。

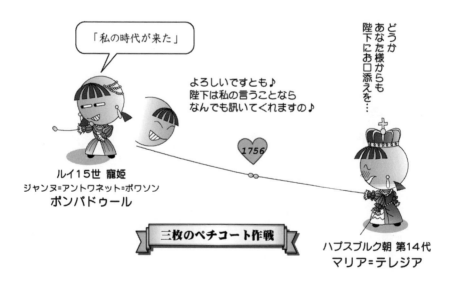

（*18）詳しくは、本幕のコラム「フリードリヒ2世の心傷」をご覧ください。
（*19）ウェストミンスター協約（1756年1月16日）のこと。
（*20）ヴェルサイユ条約（1756年5月1日）のこと。

その根本が崩れ去ったのです。

これにより、これまでのヨーロッパの外交関係は根こそぎフッ飛び、仏墺だけに止まらず、ヨーロッパ諸国がまったく新しい国際関係を再構築しなければならなくなり、各国の外交筋は大わらわ！

これを「外交革命」と呼びます。

ところで、君主国家と君主国家が同盟を結ぶ場合、かならずと言っていいほど「政略結婚」が伴います。

今回の場合、同盟成立当時、「政略結婚」のカップルとして白羽の矢が立てられたのがこの2人。

仏：ルイ15世の孫 ルイ＝オーギュスト（1歳8ヶ月）
墺：マリア＝テレジアの11女 マリア＝アントニア（生後6ヶ月）

ルイ15世 王太孫　　　　　　オーストリア皇女
ルイ＝オーギュスト　　　　　マリア＝アントニア

こうして、このまだ物心もつかないうちから2人は「婚約」ということになりましたが、この2人こそ、のちの「ルイ16世」と「マリー＝アントワネット」夫妻です。

この小さな2人の乳飲み子が、自分の意志とは関係なく、大人の都合で結婚相手を決められ、そのまま革命の渦に翻弄されていくことになります。

「生まれながらにして革命の露と消えゆく避けられぬ運命」だったのか。

はたまた、自ら招き寄せた自業自得だったのか。

Column　フリードリヒ2世の心傷(トラウマ)

　プロシア王国 第3代 フリードリヒ2世は、歴代プロシア国王の中でも唯一「大王」が冠せられ、同時代のオーストリア皇帝ヨーゼフ2世も、ロシア皇帝ピョートル3世も彼に心酔していたほどの名君です。
　しかしその一方、「女性蔑視(べっし)」発言を繰り返す人物でもありました。
　賢い人なら、たとえ心で思ってもそれを口にしないものです。
　敵を作ることはあっても利することなどないのですから。
　ましてや当時は、プロシアを取り囲むようにして、西にフランス、南にオーストリア、東にロシア、北にスウェーデンという4大国に囲まれ、発言には細心の注意を払わなければならない立場です。
　そのうえ、3大国までが"女帝"の統(す)べる国だったのですから尚更(なおさら)。
　彼ほどの人物がそんな簡単な道理がわからないはずがありません。
　では、なぜ？
　じつは、こんな説があります。
　まだ彼が若いころ、マリア＝テレジアと出逢ったことがあります。
　そのとき、彼女に一目惚(ぼ)れしたのか、大国(オーストリア)と誼(よしみ)を結びたいという下心が働いたのか、人物を介して彼女に求婚したことがありました。
　しかし、このころすでにマリア＝テレジアには意中の男性(のちの夫フランツ)がいて、フリードリヒは肘鉄(ひじてつ)を喰らいます。
　それ以来です。
　彼が「女性蔑視(べっし)」の発言を繰り返すようになったのは。
　ひょっとしたら、彼はずっとマリア＝テレジアのことが好きだったのかもしれません。
　かわいさ余って憎さ百倍。
　彼の女性蔑視(べっし)発言もそうした感情の裏返しなのかも？
　もし、フリードリヒ2世とマリア＝テレジアの婚姻が成立していたら。
　七年戦争が起こらなかったどころか、普墺が統一され、ドイツ統一は早まり、ビスマルクの登場もなかったかもしれません。

第1章　革命前夜

第2幕
革命へのカウントダウン
アンシャン＝レジーム

17世紀の末には、イギリスは市民革命を経て、絶対主義段階を離脱、早々に新しい段階へとステップアップしていた。これに対し、フランスではいつまで経っても絶対主義体制が盤石。徐々に時代遅れとなっていく体制は「旧制度（アンシャンレジーム）」と呼ばれるようになり、そうした社会の歪みはジワジワとフランス社会を蝕んでいった。

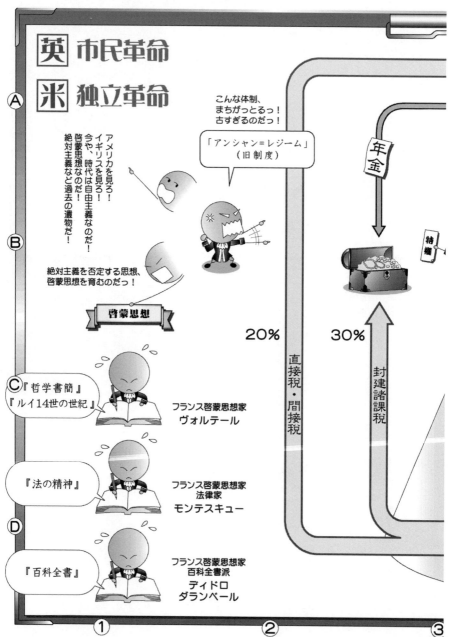

第2幕 アンシャン＝レジーム

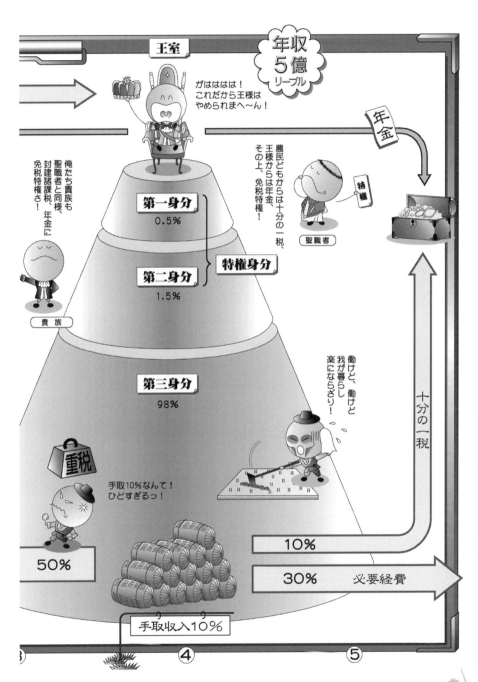

ところで、歴史を学ぶとき、心がけておかなければならない基本的な姿勢があります。

　たとえば「戦国時代について知りたい」と思ったとき、どうしても「表」に出てくる華やかな「戦国武将たちの駆引や合戦」に目が奪われるものです。

　しかし、「それだけ」をどんなに多く深く知ろうとも、けっして「戦国時代」を理解することはできません。(＊01)

　ほんとうに「戦国時代」を理解したくば、その時代の社会・経済・文化・しきたり・価値観・制度・風習など、「表」の部分を支えた時代背景を幅広く理解しなければなりませんし、さらにそれらを本当に理解するためには、その基盤となった室町時代の社会についても広範に学ばなければなりません。

　もっといえば、室町時代を理解するためには、さらに前の時代、その前の時代…となりますから、究極的には歴史全体を学ばなければならないのですが。

　由是観之。

　フランス革命もまた、その本題に入る前に「フランス革命とは、そもそもどのような社会基盤・時代背景・政治経済・価値観の中から生まれてきたのか」について知っておかなければなりません。

がはははは！
これだから王様は
やめられまへ～ん！

（＊01）所謂「歴史オタク」と呼ばれる人たちがよく陥る落とし穴です。彼らは「自分の好きな分野・範囲・側面しか学ばない」という傾向にあります。「ただ好きでやってるだけ」というならそれでも構わないのですが、彼らの一部は、その「偏狭な知識」を以て「歴史を理解した」と勘違いし、広範な歴史大系を持つ者を批判してくることがあります。
　「偏った知識からは真実は見えない」ということが理解できていないためです。

本幕ではその点について簡単に触れておきます。

まず、当時のフランスの政治体制は王権神授説（＊02）に基づく「絶対王政」であり、国王（A-4）がすべての頂点に君臨し、文字通り「絶対権力」を揮う体制でした。（＊03）

そして、国王を頂点として、国家全体が大きなピラミッド状の階層（ヒエラルキー）（＊04）を形成していました。

まず、国王のすぐ下に控えしは「第一身分」。（クレルジェ）（A/B-4）

肩書的には聖職者（A/B-5）たちの階層で、人口比率でいえば、当時の全フランス人口のわずか0.5％しかいなかったにも関わらず、土地の保有率は国家全体の10％超にもおよびました。

その保有地からは封建地代を、その他、農民からは十分の一税（C-5）を取り、莫大な収入を得ながら、直接税・間接税などの国王への納税義務はなく、それどころか、年金（A-5）まで支給される立場でした。

そのうえ、口先で「神の慈愛」を説いて、寄付・お布施を吸い上げ、贅沢・奢侈の限りを尽くします。

（＊02）フランスでは、J.B.ボシュエが主著『世界史論』の中でこれを主張しています。
（＊03）とはいえ、それもあくまで"建前"で、ルイ14世の時代のように、国王御自ら政治の表舞台に立っていたころならまだしも、ルイ15世以降、政治を公妾や大臣に任せっきりになると、貴族などの特権階級の支持なくして「絶対王政」はありえませんでしたが。
（＊04）上下関係がハッキリとした階層社会（または組織）を意味する言葉。

そして、その下に控えるのが「第二身分(ノブレッス)」。(B-4)

　これは、貴族(B-3)たちの階層で、人口比率はわずか1.5％であるにも関わらず、土地保有率は全国の25％以上でした。

　彼らもまた「第一身分(クレルジェ)」同様、農民から封建諸課税(C-2/3)を徴収しながら、国王への納税義務はないどころか、年金(A/B-2/3)を支給される立場。

　かように、第一身分・第二身分は、大きな特権を有していたので、総称して「特権身分」(B-4)と呼ばれます。

　彼ら「特権身分」の人口比率はわずか2％にも満たないほどだったのに、土地保有率は国家全体の40％近くにおよび、その貧富の差が如何にひどいかがわかります。(＊05)

　彼らが、その政治的発言権をフル活用してすることといえば、もっぱら「自己の特権を守ること」。

　これに汲々とするのみで、生産活動をするわけでもなく、ただただ消費(というより浪費)しつづけるだけの"社会の寄生虫(パラサイト)"となり果てていました。

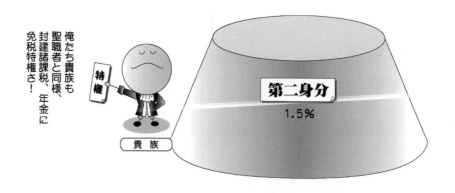

(＊05) 貧富の差が極端になると、その社会・文明・国家の崩壊の大きな要因となります。
ローマ帝国しかり、歴代中華帝国しかり、ソ連しかり、そしてフランス絶対王政しかり。どんな高度文明も、強大な帝国も、この問題の前にはたちまち消し飛んでしまいます。
ちなみに、現在のアメリカ合衆国の貧富の差は、当時のフランス並みにひどいものです。
ということは…。

そして、残りの人口の98％がすべて「第三身分(チエールジタ)」(C-4)で、そのほとんどが農民でした。(＊06)

彼らが国家の生産活動のほとんどすべてを担い、国を支えているにもかかわらず、政治的発言権すら与えられていません。

当時の農民は、その収穫のすべてが手取り収入として認められるなら、かなり裕福に暮らせるだけの収入はあったのですが、そういうわけにはいきません。

まず、全収入の30％は必要経費(D-5)に充てられるのは当然としても、

・20％は　王室　への税金（直接税・間接税）（C-2）
・10％は第一身分(クレルジェ)への税金（十分の一税）　　（C-5）
・30％は第二身分(ノブレッス)への税金（封建諸課税）　　（C-2/3）

…へと消えていきましたので、手取り収入は全収穫量のわずか10％にすぎず、これでは生活もままなりません。(＊07)

特権階級が、地位も名誉も身分も権力も富も、何もかもを独占し、下々の者には何ひとつ与えられない。

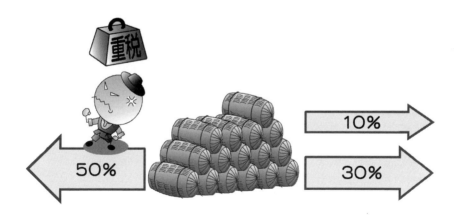

(＊06) 日本で譬えれば、「士農工商」のうち、「士」が特権身分、「農工商」ひっくるめて第三身分に相当しますから、実際には、商人や手工業者、その他市民（商店主・職人・労働者など）も含まれていますが、全体の80％までが農民でした。

(＊07) 日本円で譬えますと、1000万円の収穫がある農家でも手取りが100万円。一家総出で働いてこの年収は相当に厳しい。貧困のため、当時の農民の平均寿命は25歳ほどでした。

「フランス人の10人に9人は餓えて死に、残りの1人は食い過ぎで死ぬ」
…などと揶揄される始末。
　こんな歪みきった社会が永続きするはずもありません。(＊08)
　権力の中枢にいたルイ15世の寵姫ポンパドゥール侯爵夫人ですら、
　――こんな理不尽な体制(システム)が永続きするはずがありません。
　時を経ずして、かならずや神罰が下り、すべてが崩壊するでしょう。
　でも…。
　妾が生きている間には、それは起こらないでほしい…。
　…と漏らしてしまうほどの理不尽さ。
「妾の亡きあとに大洪水やあらん！」(＊09)
　ここで言う「大洪水」とは、旧約聖書の中に登場する「この世の悪という悪、すべてを濯ぐノアの洪水」のことですが、これがのちに「フランス革命(レヴォリュシオン)」という形となって現実のものとなります。
　彼女は、近いうちに「洪水(レヴォリュシオン)」が起こることを予見しながら、それでもこの贅沢な生活を棄てられず、あのような言葉が口を衝いて出たのでしょう。
　お隣イギリスを見れば、すでに1世紀も前に市民革命(＊10)が起こり、海の向こうのアメリカでも、フランス革命の直前に独立革命(＊11)が起こり、新時代を迎えています。(A-1)
　それなのに。
　フランスはいつまで経っても旧態依然。
　絶対王権はビクともせず、悠然と屹立しています。
　なぜ、フランスではなかなか「市民革命(ブルジョワレヴォリュシオン)」が生まれなかったのでしょうか。

（＊08）詳しくは、本幕のコラム「バランスの重要性」をご覧ください。
（＊09）これは、ルイ15世の言葉だという説もあります。
（＊10）名誉革命（1688〜89年）のことです。
（＊11）アメリカの独立戦争は市民革命の側面もありましたので「独立革命」と言い習わされます。

じつは、「国民の窮乏」がどれほど進行しようとも、それだけでは革命(レヴォリュシオン)は起きません。

　溜まりに溜まった不満が爆発し、単発的な「一揆(レヴォルト)」が起こることはあっても、それが「革命(レヴォリュシオン)」へと発展することはないのです。
　いえ、「できない」といった方が正確でしょうか。
　なんとなれば、大衆というものは、「感情を爆発させて無秩序に暴れる」ことはできても、「自ら考え、信念に基づいて一定の方向性を以て整然と行動する」ということがまったくできないからです。(*12)
　したがって、革命(レヴォリュシオン)を遂行(すいこう)するためには、どうしても「明確な理想と信念を以て、全体の動きを見極めつつ、大衆パワーをひとつの方向へ向かせる指導者(リーダー)階級」が必要になりますが、これまでのフランスにはそうした階級が育っていなかったのです。
　それが、フランスに「革命(レヴォリュシオン)」が起こり得なかった大きな理由でした。

(*12) これは当時のフランスだけに限らず、いつの時代でもどこの国でも「大衆」というものはそういうものです。教育が行き届いておらず、識字率も低い(当時のフランス市民より、江戸時代の町人の方がずっと識字率は高かった)、文字通り"無学文盲"の当時のフランス民衆はもちろんのこと、現代のように国民全般に高度な教育が与えられていても、その点はまったく変わりません。

ところが。

18世紀、とくにその後半になって、フランスでもようやくそうした階級が育ってきました。

それこそが、ブルジョワ階級です。

ここに「不満パワーを溜（た）めつづけて爆発寸前の民衆」を率いるべき階級がついに現れてきたのです。

条件は整いました。

さっそくブルジョワは、フランスの現体制を「旧制度」（アンシャンレジーム）（A/B-2）と呼んで批判し、民衆を啓蒙（けいもう）（＊13）し、煽動（せんどう）しはじめます。

そのための思想が、所謂（いわゆる）「啓蒙思想（けいもう）」と呼ばれるものです。（B/C-1）

――よいか、お前たち、よく聞け！

　お前たちは何の疑いもなく、無検証に「父祖伝来の絶対王政が当たり前」と思い込んで、その隷属に甘んじてきた！

　だが、そうではない！

　よく考えてもみよ！

　アダムとイヴの古（いにしえ）から絶対王政があったわけではあるまい！

（＊13）無知蒙昧な大衆に知識を与え、目を啓（ひら）かせる行為のこと。

ほんの200年ほど前に生まれ育まれてきたものにすぎないのだ！
それも今や"時代遅れの遺物"と化して我々を苦しめているだけだ！
立て！ 祖国の子らよ！
立ちあがれ！

こうして、

- F．M．A．ヴォルテール　　『哲学書簡』『ルイ14世の世紀』(C-1)
- C．L．　モンテスキュー　　『法の精神』　　　　　　　（C/D-1）
- D．　　　ディドロ　　　　　『百科全書』　　　　　　　（D-1）
- J．L．R．ダランベール　　　　同　上　　　　　　　　 （D-1）
- J．J．　ルソー　　　　　　　『人間不平等起源論』『社会契約論』

…といった錚々たる啓蒙思想家がつぎつぎと現れ、人々を啓蒙、煽動していくことになります。

いよいよ、「市民革命」勃発の秒読み開始です。

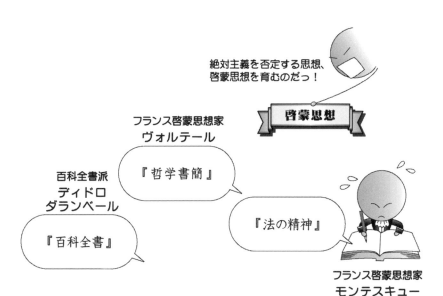

Column　バランスの重要性

　いつの時代でもどこの国でも多かれ少なかれ「差別」「格差」というのはあるものですが、ちゃんとバランスさえ取れていれば、不満はあっても滅多なことでは爆発はしないものです。
　たとえば、江戸時代の身分差別「士農工商」。
　農民は「生かさず殺さず」という苛斂誅求(かれんちゅうきゅう)を受けながらも、社会的身分は武士に次ぐ地位を与えられます。
　農民から武士にランクアップする道もありました。
　商人は財力を持ち、豊かな生活はできましたが、社会的には蔑(さげす)まれ、現在では考えられないほど肩身の狭い思いを強いられています。
　また、身分の上ではその頂点でふんぞり返っている武士も、生活は苦しく、商人から金銭を借り、返済期日が来るたび、人の見えないところで商人にペコペコ頭を下げています。
　職人は農民に比べて収入がはるかに少なく、必然的に苦しい生活を強いられたものの、その代わり税金が格安だったため、「宵越(よいこ)しの銭(ぜに)は持たねぇ！」とばかり、その日の稼(かせ)ぎはその日のうちに使い切ってしまうような暮らしも可能でしたし、識字率も高いものでした。
　このように、各身分、不満はあってもちゃんと"ガス抜き"ができるよう逃げ道が用意されており、バランスが取られていました。
　もし武士が、地位も名誉も身分も権力も富も、何もかも独占していたら、間違いなく「徳川300年」はなかったでしょう。
　そうしたバランス感覚が当時の日本にはありました。
　ところが、フランス絶対王政の場合は、「士」にあたる特権身分が何もかもを独占してしまいますから、一気に崩壊(レヴォリュシオン)が始まるのです。
　世の中、「何もかもすべて平等」は理想かもしれませんが、現実はそううまくはいきません。
　ならば、バランスを欠いたところが出たら、どこか別のところで補い、結果的に「プラマイゼロ」に近づけるのが「政治」というものです。

第1章　革命前夜

第3幕

善きに計らえ
ルイ16世の即位

ルイ15世が天然痘を発症し急死すると、その王太子（ドーファン）がルイ16世として即位する。しかし、この若き王には、傾いた国を建て直さなければならぬ危機感も自覚もなく、またその才覚もない。王となったあとも王太子（ドーファン）時代と変わらず狩りと錠前作りに没頭し、妃（きさき）は放蕩三昧（ほうとうざんまい）の日々を送る。刻一刻と破局は近づいていった。

くっそぉ！
ドイツもコイツも！
この非常事態を
まったくわかってねぇ！

雪だるま式に膨れあがる借款

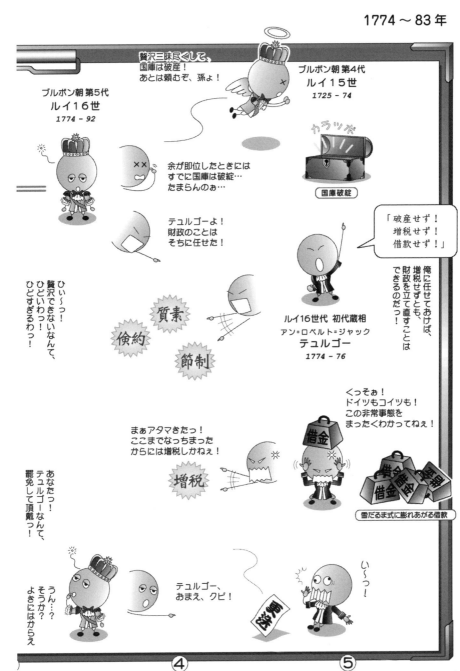

治世60年近くにおよんだルイ15世も、1774年、ついに身罷られ（＊01）ます。(A-4/5)

享年64歳。

彼の息子で王太子だったルイ＝フェルディナンはすでに亡く（1765年）、孫のルイ＝オーギュストが立太子されていましたから、彼が「ルイ16世」として即位することになります。(A-3/4)

このとき、彼は弱冠19歳と9ヶ月。（＊02）

この若さで「暗雲ただよう傾いた王国」を背負っての即位。

歴史の本などでは、これが同情的に記述されていることが多い。

しかし。

さきに述べましたように、彼はすでに10年も前の9歳のときに父を亡くして王太子になっているのです。

そのうえ、国王ルイ15世はすでに治世50年におよび、ご高齢であらせられたのですから、弥が上にも、いつ何時、自分の頭上に王冠がかぶせられてもおかしくないという「自覚」はあったはずです。

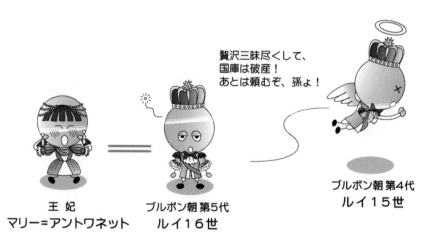

王妃
マリー＝アントワネット

ブルボン朝 第5代
ルイ16世

ブルボン朝 第4代
ルイ15世

贅沢三昧尽くして、国庫は破産！
あとは頼むぞ、孫ょ！

（＊01）天然痘でした。フランス革命まであと15年。
（＊02）正式な即位式は、彼が20歳になってからですが。

Column マリーの嫁入り

　1770年5月。
　まだ14歳の墺皇女マリア＝アントニアはフランスに嫁ぐことになりました。
　彼女を乗せた輿を中心に、373頭の馬・57台の馬車・132名の従者を引きつれ、さながら"大名行列"のようになってフランスへ向かいます。
　ウィーンを出立して1週間、ようやく仏墺国境に到着。
　当時、両国の国境となっていたライン川の中洲には、あらかじめ「花嫁引渡の館」が用意されており、彼女はそこで祖国から身につけてきた衣裳をすべて脱がされ、いったん生まれたままの姿となって、フランス側が用意した衣裳に着替えさせられます。
　「オーストリアのものは糸くず一本として持ち込ませない」
　文字通り"身ひとつ"での嫁入りで、これよりドイツ語も一切話してはならず、この瞬間、墺皇女「マリア＝アントニア」は、王太子妃「マリー＝アントワネット」となったのでした。
　ここまで従ってきた馬車・従者もすべてこれ以上進むことは許されず、ここからはフランス側の用意した馬車・従者でパリに向かいます。
　ところで、当時、その館を見学していた若き日の文豪ゲーテは、その部屋に飾られていたタペストリを見て驚きます。
　「なんだ、これは！？『メディア』じゃないか！」
　主人公が嫉妬に狂って自分の息子を殺すギリシャ神話です。
　ゲーテは、このタペストリに花嫁の"不吉"を感じました。
　その後、さらに1週間かけて花嫁はベルサイユ宮殿に到着。
　5月17日、礼拝堂で盛大に結婚式は挙行されることになりました。
　しかし。
　華やかな式場の外では、前日までの天気がウソのように、ものすごい嵐が吹き荒れていました。
　そう、まるでふたりの行く末を暗示しているかのように。

いえ、なければなりません。

ない方がおかしい。

そのうえ、20歳に手が届こうかという歳なら、もう充分に成熟していなければならない年齢です。(＊03)

ところが、彼は即位にあたって、狼狽(ろうばい)しています。

──何という重荷なのだ！

　　この若さで！

　　私はまだ何も教わっていないのに！

何も教わっていない？？？

立太子されてからすでに10年。

9歳(ここのつ)から19歳まで、"人生でもっとも多くのものを学び取る期間"であるこの10年間に「何も教わっていない」で、彼はいったいいつ「教わる」つもりだったのでしょうか。

この言葉ひとつ取ってみても、彼の"暗愚"さが垣間見えます。

そして。

　　王妃となったマリー＝アントワネットが18歳と6ヶ月。(A-3)

彼女もまた「蝶(ちょう)よ花よ」で育てられた、世間知らずの"深窓の令嬢"でした。

夫の即位時、母(マリアテレジア)に書簡を送っています。

「彼も私も、この若さで即位することに懼(おそ)れを抱いています」

精神年齢「小学生レベル」の夫婦が、この「暗雲ただよう王国」の舵(かじ)取りをしていかなければならなかったことが、夫婦にとっても国民にとっても不幸だったと言わざるを得ません。

(＊03) 当時の人は、現代人と比べて精神年齢がひじょうに高い。ヨーロッパではこのころまで「子供」という概念すらなく(したがって「元服」の儀式すらありませんでした)、子供であろうが「体の小さな大人」として扱い、「義務」と「責任」を負わせたため、精神年齢が低ければ生き残っていけなかったからです。20歳にもなって、厳粛なる成人式において乱チキ騒ぎをする、幼稚で頭の悪い、どこかの国の若造と同列に考えてはいけません。

しかし。
　即位直前のふたりの不安とは裏腹に、ルイ14世・15世の長い治世下における閉塞感に打ちひしがれていた国民は、若くておやさしいと評判の王様の即位を熱狂で迎えました。(＊04)
　さらに、義父君ルイ15世という"枷"がなくなったことで、マリー＝アントワネットの箍がはずれ、のちに「赤字夫人」と呼ばれるほどの尋常ならざる散財を始めます。(A-1/2)

```
衣装 ：年間25万リーブルの赤字
宝石 ：　　100万リーブル
建築 ：プチトリアノン宮改修費
賭博 ：　　50万リーブルの負債
交遊費：年間50万リーブル
渾名 ：赤字夫人
```

- 衣裳は2日に1度は新調する。
- 頭の上に「帆船」「庭園」「水車小屋」を乗せた髪型(ヘアスタイル)をする。(B-1)
- 夫君から下された宮殿(プチトリアノン)は自分仕様に改修する。(170万リーブル)
- 博打で一晩で何十万リーブルも擦る。
- 自分のお気に入りの者には数十万リーブル単位でポンポン年金を与える。

(＊04) ルイ16世が「たいへんおやさしい方であった」ということは、意見の一致を見ます。
　　　しかし、「やさしい」ということと「王才がある」ということはまったく関係ありません。
　　　その期待が大きければ大きいほど、それが裏切られたときの反動もまた大きい。
　　　やがてくる革命の渦の中で、彼が「断頭台」に送られることになるのも、その反動が一因であったのかもしれません。

そのハチャメチャな浪費を誰も止めることができません。
　国の財政が潤い、国全体が豊かな時代ならばいざ知らず、下々の労働者たちが毎日毎日16時間労働しても年収400リーブル（現在の日本円にして100万円ほど）（＊05）ほどにしかならず、飢えに喘いでいる中でのことですから、それは国民の反発を受けます。
「おのれ、赤字夫人（＊06）め！」
「オーストリア女（＊06）め！
我がフランスを破綻させるためにオーストリアから送り込まれてきたか！」
　しかし。
　彼女に忠告をしてくれる人はいましたが、それでも彼女はまったく聞く耳を持ちません。
　夫君ルイ16世の忠告など、どこ吹く風。
　お目付役メルシー伯爵の忠告など歯牙にもかけず。

（＊05）当時のリーブルを現在の円で換算するのはたいへん難しい。
　　　算出方法によって、1リーブル「1000円説」から「12000円説」まで幅広くあります。ここでは、当時1リーブルで買えるパンは7〜8斤ほどでしたから、そこから算出して、1リーブル2500円ほどで計算しました。

（＊06）王妃マリー＝アントワネットに対する蔑称。

Column　首飾り事件

　マリー＝アントワネットの常軌(じょうき)を逸した散財は、国民の信を失い、やがて、「赤字夫人」「オーストリア女」と罵(ののし)られることになるきっかけを作りました。

　しかし、それを以(もっ)て、彼女ひとりに「国家財政の破綻(はたん)」の原因を押しつけるのは酷というものです。

　たしかに彼女の浪費はすさまじいものでしたが、それにしても、国家予算5億リーブル、あるいは、革命前年（1788年）の単年度赤字額1億2600万リーブルと比べてみても、彼女の浪費（数百万リーブル）など微々たるものです。

　財政破綻の原因は、ルイ14世・15世時代の度重なる戦争に求められるべきでしょう。

　しかし、庶民というものは、物事を「論理的」に考えることができず、「感情」で考えます。

　そんなときに起こったのが「首飾り事件」。

　もともとルイ15世が公妾(こうしょう)デュ＝バリー夫人のために発注した、大小540個ものダイヤをあしらった160万リーブル（40億円相当）もする首飾り(ネックレス)がルイ15世が急死したことで、宙に浮いてしまったことが事の発端となります。

　この首飾り(ネックレス)を、欲深いラ＝モット伯爵夫人という女性が、出世欲の強いロアン枢機卿(すうききょう)を騙(だま)して、詐取した事件が起こりました。

　これが表沙汰になると、マリー＝アントワネットとはまったく関係ない事件だったにも関わらず、口さがない民衆は、

　「あのオーストリア女めが一枚かんでいるに違いない！」

　「ラ＝モット伯爵夫人と赤字夫人は愛人(レズビアン)関係だそうだ！」

　…と根も葉もない噂をはやしたて、彼女を貶(おと)めていきます。

　のちに、ミラボー伯爵は、この事件が「革命の序曲となった」と言っています。

母（マリアテレジア）の忠告の手紙も耳を貸さず。
ついに業を煮やした墺（オーストリア）皇帝（＊07）が御自らパリまでやってきて、彼女を直接諭（さと）しましたが、そこまでしても効果はありません。
ところで。
君主国家において、新しい君主が即位した時点ですでに財政破綻（はたん）が起こっている場合、かならず行われるのが「財政改革」です。
つまり、ルイ16世即位とともに就任した新蔵相Ａ．Ｒ．Ｊ．テュルゴー男爵（アン ロベルト ジャック）（B-5）の為すべき第一命題は「財政改革」となります。

ルイ16世代 初代蔵相
アン＝ロベルト＝ジャック
テュルゴー

「破産せず！
増税せず！
借款せず！」

俺に任せておけば、増税せずとも、財政を立て直すことはできるのだっ！

彼は叫びます。
「破産せず！　増税せず！　借款（しゃっかん）（＊08）せず！」（B-5）
私が蔵相になった以上、破産はさせない！

（＊07）時のオーストリア皇帝はヨーゼフ2世（在位1765～90年）。
　　　先帝（正確には大公）マリア＝テレジアの長子で、マリー＝アントワネットの実兄です。

（＊08）国家と国家の間で行われる借金のこと。

そのためには、無税に近い特権身分たちに課税するのが一番手っ取り早いのですが、それは彼らの猛反発を喰らって失敗することは目に見えています。
　かといって、第三身分(チェールジタ)たちに、これ以上の増税をかけるのは無理！
　よって、「増税もしない！」── というよりできない。
　これ以上の借款(しゃっかん)など以(もっ)ての外。
　そこで、テュルゴーは、緊縮政策(B/C-4)を推進する一方で、中世以来の旧(ふる)い封建的な特権・統制・組織を廃止し、これを自由化することによって経済の活性化を図ろうとします。
　しかし。
　すでに何世代にもわたって、その"封建的特権"にどっぷりと浸かり、その美酒に酔い、これに馴(な)れきっている貴族(ノブレス)たちには、テュルゴーの政策など、自分たちの"当然の利権"を奪おうとしている悪党にしか映りません。(B/C-2)
　── うぉのれ、テュルゴー！
　　たかが男爵(*09)のブンザイで我々上級貴族(ノブレス)の特権を奪わんとするか！！
　そこで、貴族(ノブレス)たちは、世間知らずで政治に疎(うと)いマリー＝アントワネットを使って、テュルゴーを追い落とそうとします。(C/D-2/3)

────────────────

(*09) 貴族の爵位は、上から順に、公爵 → 侯爵 → 伯爵 → 子爵 → 男爵。
　　　テュルゴーは貴族の中では最下層でした。

――王妃様！
　　テュルゴーのやつ、私たちのことをイジメるんです！
　　アイツを何とかしてください！
「んまっ！！　なんですってー！
　私の大切なお友だちをイジメるなんて、ゆるせませんわ！
　わかりました！
　私が夫に頼んで、辞めさせてみせますわ！」
　まさに公私混同。(＊10)
「あなたっ！
　テュルゴーさんったら、私のお友だちをイジメてるんですのよ！
　あの人をクビにしてくださいまし！」(C/D-3)
　これに対して、さしもの温厚なルイ16世も、
　――黙りなさい。
　　政治の何たるかも知らぬくせに、政治に口を挟(はさ)むでないわ！
　　下がれ！
…と一喝するかと思いきや。
　――うん？　そうか？
　　善(よ)きに計(はか)らえ。(D-3/4)

（＊10）もっとも、当時は「国家は王家の私有財産」という感覚がありましたから、このこと自体はマリー＝アントワネットだけを責めるわけにもいきませんが。

この人、これからおいおいわかってきますが、自分の確固たる意志を示したことはほぼなく、いつでも周りの者の言うがまま。

ただただ「善きに計らえ」というだけの優柔不断な人物でした。

泰平な世なら、そんな"バカ殿"でもさしたる弊害もありませんが、国家存亡の危機にあってこれでは……。

こうしてテュルゴーはあっけなくお払い箱。(D-5)

つぎに、クリュニーなる人物が蔵相を継ぎましたが、なんら為すところなく半年で急死。

そのあと受けて蔵相(＊11)となったのが、J．ネッケル(D-1)です。

彼は、国民の期待を一身に背負っての登板でしたが、不運にも、ここで彼の想定外の事態が起こります。

海の向こうでは「アメリカ独立戦争」の真っ只中でしたが、その影響で、B．フランクリンが「参戦」と「支援」を求めてやってきたのです。

もちろん、当時のフランスには、そんな余裕などまったくありません。

国家予算の4倍(20億リーブル)もの借金を抱えて悶絶、財政改革に必死になっていたときですから。

「陛下！
あの者の申すことに耳を傾けてはなりませんぞ！
我が国にそんな余裕はございません！」

ネッケルの言葉に、ルイ16世も同意します。

── うん？ そうか？
善きに計らえ。

しかし、これで一件落着といかないところがルイ16世。

(＊11) ネッケルは外国人(スイス人)で、しかもカルヴァン派(ユグノー)だったため、法律上、正式な蔵相(財務総監)にはなれず、肩書上はあくまで「財務長官」のままでした。
しかし、「第三身分」だったため、国民からはひじょうに人気がありました。
ちなみに、財務総監とは、財務・財政・金融・公共事業など、他の財政関連省庁を束ね、国王とのつなぎ役となる官職で、その初代はJ．B．コルベール。

フランクリンの舌先三寸と、彼によって目の前にチラつかされた利権(＊12)に目が眩んだ特権身分たちが、
「陛下！
　これは、喪失したヌーヴェル・フランスを奪還する絶好のチャンスですぞ！
　あれさえ再建されれば、借金などすぐに返せます！」
…と国王を説得にかかるや否や。
──うん？　そうか？　それもそうじゃの。
　　善きに計らえ。
　こうして、フランスはあっさり「参戦と資金援助」を決定してしまいます。
　悶絶していた借金と同額の金（20億リーブル）をポンと。
　いったい、そんなお金どこから捻出したのでしょうか。
　もちろん、さらなる借金です。
　これにより、フランスの借款は一気に「40億リーブル」に倍増！！

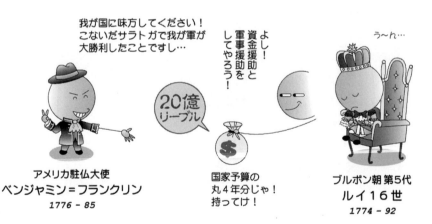

(＊12) ルイ14世の御世（1682年）に築き、ルイ15世の御世（1763年）に喪失していた北米のフランス植民地「ヌーヴェル・フランス」のこと。現在のカナダからアメリカ合衆国中部に至る広大な領域でしたが、「これを再建する絶好のチャンスですぞ！」とフランクリンはほのめかしたのです。あくまで「ほのめかした」だけで「約束」はしていませんので、戦後、独立が達成されたにも関わらず、「ヌーヴェル・フランス」は戻ってきませんでした。

借金もここまで膨らみきってしまうと、その利子だけで「国家予算の半分以上」となり、とても支払える額ではなくなります。

こうなれば、もはや「特権身分に課税」するより他ありません。

しかし、ネッケルがそこに手をかけようとした途端、テュルゴーと同じパターン(＊13)でたちまち失脚してしまいます。

── 特権身分への課税 ──

これがもはや「聖域(サンクチュエール)」と化していたのです。

「財政改革が急務！」だということに異論を挟む者などいません。

そして、その解決策は「特権身分への課税」以外にないこともまた誰の目にも明らか。

にも関わらず、何人(なんびと)たりともそれに触れることは赦(ゆる)されない。

これでは、「改革せずに改革しろ」と言われているようなもの。

この時点で、すでに王国は詰んでいたと言ってよいでしょう。

ネッケル失脚後、四番手の蔵相となった C．A．カロンヌ(シャルル アレクサンドル)の心情たるや如何(いか)ばかりか。

彼は、なんとかこの「聖域(サンクチュエール)」に踏み込もうと、ルイ16世を説得します。

「陛下！

　"腐った建物"の崩壊を防ぐには、

　全体を土台から建て直す以外に方法はありませぬぞ！」

もちろん、ここでいう「腐った建物」というのは、フランス王国そのものを指し、「全体を土台から立て直す」というのは、"聖域なき構造改革(＊14)"の必要性を説いています。

(＊13) すなわち、「特権身分 → 王妃 → ルイ16世 → 更迭」のパターンです。
　　　ネッケルは国民から人気があったため、彼の失脚は、国民の失望を招きました。

(＊14) 21世紀初頭、小泉内閣が掲げたスローガン。歴史を紐解けば、この類のスローガンが掲げられる政府は、すでに隅から隅まで腐り果てているため、改革が成功することはほとんどありません。小泉改革もモノの見事に失敗しています。

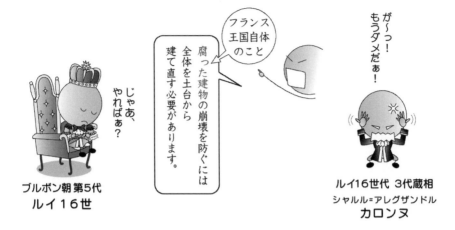

　要するに。
──「建物の土台」すなわち"特権身分への課税"をしない限り、
　「建物の倒壊」すなわち"王国の滅亡"は避けられませぬぞ！
　事態はそこまで切迫しておるのです！
　確固たる信念を以て改革に臨み、ブレてはなりませぬぞ！
…と、ルイ16世に危機意識を持たせ、特権身分たちの横槍に惑わされないよう訴えたのでした。

　彼の切なる訴えが、ルイ16世の心にどこまで伝わったかは計りかねますが、彼はこう答えました。
──　うむ、そうか。
　　　善きに計らえ。
　わかってんだか、わかってないんだか…。
　しかし、一応、国王の言質は得ました。
　こうしてカロンヌは、国王を後ろ盾として、特権身分への課税へと一歩踏み出すことになります。

第1章　革命前夜

第4幕

潰される財政改革
特権身分の"反乱"

破滅の跫音はひたひたと近づいてきていた。しかし、それをまったく理解できない貴族たちは「聖域なき構造改革」を叫ぶ蔵相らの改革をことごとく圧殺する。しかし、潰しても潰しても新蔵相は「改革（エタジェネロー）」を叫ぶ。そこで、貴族たちは蔵相を黙らせるため「三部会開催」を要求した。それが革命の前哨となるとも知らずに。

カロンヌなんて、クビにしてっ！

〈特権身分の"反乱"〉

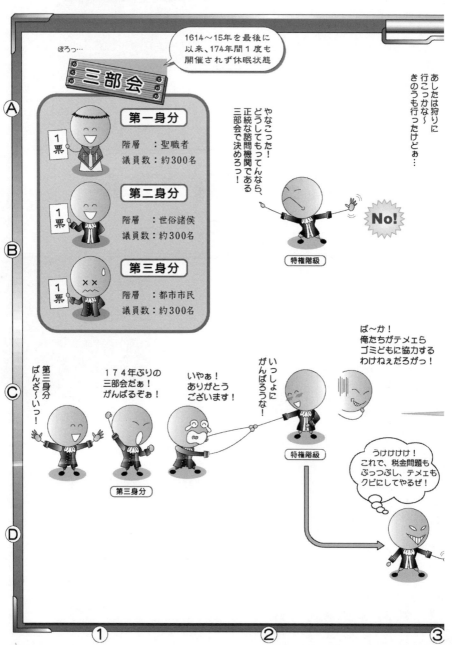

ルイ16世の言質を得たカロンヌは、「名士会」を開催することにします。「名士会」というのは、当時のフランスに存在した2つの諮問機関のうちのひとつであり、もうひとつが「三部会」です。

　時を遡ること500年近く前(1302年)のこと。

　時の国王フィリップ4世(＊01)が教皇と対決するため、国内の各身分の支持を取りつけようとして創ったものが「三部会」です。

　したがって、もともとの「三部会」の役割は、あくまでも"国王の意志に賛意を示すだけ"の諮問機関でした。(＊02)

　たとえ「反対！」と意思表示をしたところで、三部会には何の強制力もないため、国王はこう答えるだけです。

「あっそ。

　お前たちの存念、よっくわかった。(あとで覚えてろよ？)

　却下！」

　ところが。

　時代が下ると、次第に三部会の統制が利かなくなり、彼らは「反対！」と叫ぶようになります。

　もちろん、「反対」と言ったところで、何かが変わるというわけではありませんでしたが、少なくとも「国王の思い通りにはならんぞ！」という意思表示、王権へのささやかな抵抗が生まれてきていたことを示しています。

　そこで、国王は、三部会に代わる新しい「イエスマン機関」を必要とするようになります。

　それこそが2つめの諮問機関「名士会」です(1527年)。

(＊01) カペー朝 第11代国王。「端麗王」と呼ばれるほどハンサムだったらしい。
　　　三部会をバックとして教皇ボニファティウス8世と対決し、これを捕縛することに成功(アナーニの屈辱)、ボニファティウス8世はこの屈辱に耐えかね、"憤死"したことで有名。

(＊02) 発議権も立法権も強制力もなく、ただ国王が「これこれしようと思うんだけど、どう思う？」と下問したことに対し、「さんせ〜い！」というだけの"出来レース機関"です。

名士会は、三部会と違って選挙に拠らず、国王が自分の意見に賛同しそうな人物を恣意的にリストアップ、召集したものなので、反対意見が出ることがありません。(＊03)

　こうして新しい「イエスマン機関」ができたことで、三部会の存在意義が徐々に薄れ、ルイ13世の御世（1615年）以降、三部会は1度も開かれなくなります。

　だからこそ、カロンヌは「名士会」に望みをかけたのです。

　国王の言質を取りつけた上で「特権身分への課税問題」をここに諮れば、かならず名士会は「賛成！」と言うでしょう。

　なにせ、名士会は創設以来260年、1度たりとも国王の意志に「反対！」を決議したことはありませんでしたから。

　ところがいざ、決を採ってみると…。

　「反対！」

　こ…これはいったい…！？

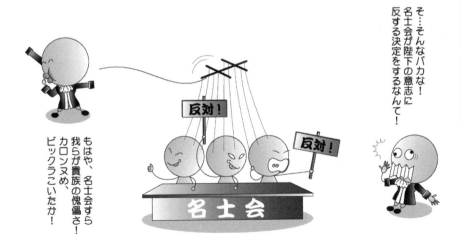

（＊03）「どうしてそんな"デモンストレーション"を経る必要があったの？」「最初からウモもなく従わせればよいのでは？」と思われるかもしれませんが、こういう手続きを踏むことで「国王は自分勝手な政治をしているのではない、あくまで民意に基づいて統治しているのだ」という建前を得て、法に正当性を持たせたかったからです。

じつは、三部会同様、名士会もまた、長い年月を経て国王の統制下から離れてしまっていたのです。(＊04)

これはカロンヌにとって誤算でした。

この失態によって、彼はたちまち失脚させられてしまいます。

カロンヌのあとを受けて、五番手の蔵相として白羽の矢が立ったのが E^{エティエンヌ}．C^{シャルル}．L^{ロメニー}．ブリエンヌ。(B-4)

名士会が頼りにならないことを悟ったブリエンヌ蔵相は、ただちにこれを解散（A-3/4）。

すると、特権身分たちは吠えます。

「名士会を開かないというのなら、三部会を開催せよ！

三部会で決定されたことなら、我々も従おうではないか！」(B-2)

なに？　三部会の決定なら従う？

（＊04）そもそも、名士会の開催自体がじつに150年ぶりであり、組織が変質していても、なんら不思議でないどころか、変質していなければ不自然なほどでした。
　　　日本でいえば、幕末のころの組織が、平成の世の日本でもなんら変質せずに存在していることを期待するようなものです。

ならば、これを開催し、「特権課税」を認めさせればいい？

とんでもない！！

ブリエンヌは、断じてこんなものを認めるわけにはいきません。

なんとなれば、三部会(エタジェネロー)など開いたら、「特権課税」は間違いなく特権身分たちによって圧殺されるに決まっているからです。(＊05)

それがわかっているからこそ、特権身分たちは、「じゃあ、三部会(エタジェネロー)で白黒ハッキリさせようじゃないか！」と啖呵(たんか)を切るわけです。

しかし、そんな特権身分の思惑も知らず、第三身分(チエールジタ)たちが雀躍(じゃくやく)。

――いいぞ、いいぞ！

　名士会では俺たち第三身分(チエールジタ)に発言権はなかったが、

　三部会(エタジェネロー)なら俺たちも国政に参加することができる！！

　貴族(ノブレス)たちもたまにはいいこと言うじゃないか！

こうして、第三身分(チエールジタ)たちは特権身分たちを支持し、三部会の開催を断固拒絶する王権側と対立するという立場を鮮明にするようになります。

なにやらおかしな話になってきました。

・王権側は、「特権身分に課税して、第三身分(チエールジタ)の負担を楽にしよう」とし、

・特権身分は、「断固として特権課税は払わず、これまで通り、すべての負担を第三身分(チエールジタ)に負わせ」ようとしているのですから、

・第三身分(チエールジタ)は、当然、王権側を支持して然るべきところ…なのに、なぜか特権身分を支持する、という、なんとも不可解な状況に。

どうしてこんなことに…？

じつは、すでに170年以上にわたって三部会(エタジェネロー)は開かれたことがなかったため、第三身分(チエールジタ)の人々はすっかり三部会(エタジェネロー)のシステムを忘れてしまっていたのです。

ですから、三部会(エタジェネロー)さえ開かれれば、特権課税への道は開かれると信じていたのでした。

（＊05）詳しくは、次ページのコラム「三部会の議決方式」を参照のこと。

Column 三部会の議決方式(エタジェネロー)

　三部会(エタジェネロー)の議員構成は、以下の通りでした。(A/B-1)
- 第一身分(クレルジェ)(聖職者)の議員定数：約300名 ⎫
- 第二身分(ノブレッス)(貴族)　の議員定数：約300名 ⎬ 特権身分
- 第三身分(チェールジタ)(平民)　の議員定数：約300名 ⎭

　各身分ともにほぼ同数ですので、パッと見、「平等」のように感じるかもしれませんが、よくよく考えてみれば、総人口のわずか0.5％にすぎない第一身分(クレルジェ)と、同じく1.5％の第二身分(ノブレッス)がそれぞれ「全議席数の1/3」ずつを占めているということからしても、この議会が如何(いか)にゆがんだ構成であったかがわかります。

　しかも、「議決方式」に問題を抱えていました。
　三部会(エタジェネロー)の議決方式は、
- 約900名すべての議員が各1票ずつ持ち、全900票で多数決採決するという現代では至極一般的な「議員別議決方式」ではなく、
- まず各身分ごと(約300票)で個別に多数決採決を行い、1票でも多い意見が「その身分の総意」とされ、各身分ごとに「1票」が与えられ、最終的にこの「3票」で採決するという「身分別議決方式」。

　三部会(エタジェネロー)など、当時から遡(さかのぼ)って500年も昔、中世の真っ只中に生まれた会議ですから、システムが古いのです。
　この議決方式だと、今回のような特権身分の利害に直結する議題の場合、税金を払わなければならなくなる立場の特権身分たちは当然「反対！」を突きつけるに決まっていますから、
- 第一身分(クレルジェ)(聖職者)：反対 ⎫
- 第二身分(ノブレッス)(貴族)　：反対 ⎬ 2票
- 第三身分(チェールジタ)(平民)　：賛成 … 1票

…となり、「2 vs 1」で否決されることは目に見えています。
　特権身分たちがブリエンヌ蔵相に「三部会(エタジェネロー)の開催要求」をかけたのは、こうした「絶対に勝つ！」という確信があったからでした。

困ったブリエンヌは、国王を動かし、起死回生の強硬手段(*06)に打って出ましたが、オルレアン公の横槍、ルイ16世の大ボケもあって、失敗。

　逆に、失態を演じたブリエンヌの方が失脚するハメに。(B/C-5)

　テュルゴー、クリュニー、ネッケル、カロンヌ、ブリエンヌ…。

　ここまで5人の蔵相が入れ替わり立ち替わり財政改革に着手しましたが、ことごとく失敗、失敗、失敗…。

　誰がやっても結果は同じ。

　すべて、特権身分の権力の前にねじ伏せられるのみ。

　そこで、第三身分に人気のあったネッケル(C-4)にふたたび白羽の矢が立てられました。

　しかし、彼が再登板したとき、すでに前任者によって「三部会開催」を認めさせられていましたので、ネッケルは、この三部会の中で戦っていかなければなりません。(D-3)

(＊06) これを「親臨法廷」と言います。
　　　詳しくは、次ページのコラム「親臨法廷」を参照のこと。

Column
親臨法廷(リドジュスティス)

　当時のフランスにおいては、すべての法令が高等法院(パルルマン)の登記を経なければ有効となりませんでしたから、王権と高等法院はしばしば衝突しました。
ルイ14世「余の命令である！　この勅令を登記せよ！」
高等法院(パルルマン)「我々の拒否権は"国家"から授けられたものにございます」
ルイ14世「"国家"とは余である！　余が"国家"そのものである！
　　　　　余はそんなものを授けた覚えなどない！」
　有名な「国家、それ則ち朕(ちん)なり！」の言葉は、このときに生まれたものだといわれています。
　こうして、「国王御(おん)自ら高等法院(パルルマン)に現れ、直接法令の登記を命令した場合には、高等法院(パルルマン)はこれを拒否できない」という前例が生まれました。
　これを「親臨法廷(リドジュスティス)」と言います。
　ブリエンヌは、ルイ16世を高等法院(パルルマン)に連れ出し、この「親臨法廷(リドジュスティス)」を実行させることで、高等法院(パルルマン)を抑え込もうとしました。
　さしもの高等法院(パルルマン)もしぶしぶサインしようとした、まさにそのとき！
　王族に近い立場のオルレアン公が横槍(よこやり)を入れてきました。
「陛下！　それは違法ですぞ！」
　違法でも何でもない、オルレアン公の意味不明な発言に一同唖(あ)然。
　ルイ16世は答えます。
――これは合法である。余が望むからである。
　いつも「善(よ)きに計(はか)らえ」しか言えない優柔不断なルイ16世らしからぬ、なんと毅(き)然とした御言葉！
　そう感心する間もなく、次のルイ16世の言葉にまたまた一同唖(あ)然。
――だが、そちがそう申すのならば、帰るとしよう。
　どうしてそうなる???
　どうやらルイ16世というお方は、人の意見にどうしても「否(Non)」と言えない性分だったようです。

第1章　革命前夜

第5幕

革命の引き金
三部会(エタジェネロー)の開催

第三身分(チェールジタ)たちが期待を託した三部会はこうして開催されたが、その期待はいきなり裏切られる。議決方式を巡って、伝統的な「身分別」とするか、近代的な「議員別」とするかで議会は空転。ついに、一人の男が叫ぶ。
「いよいよ綱を断ち切るときがきた！」

会議中終始熟睡のルイ16世

〈三部会の開催〉

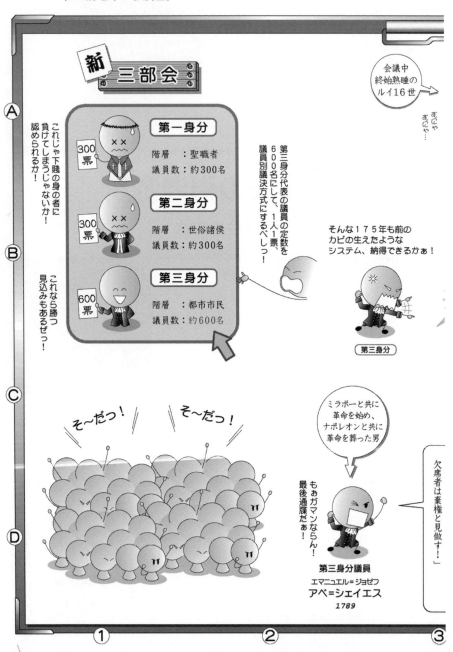

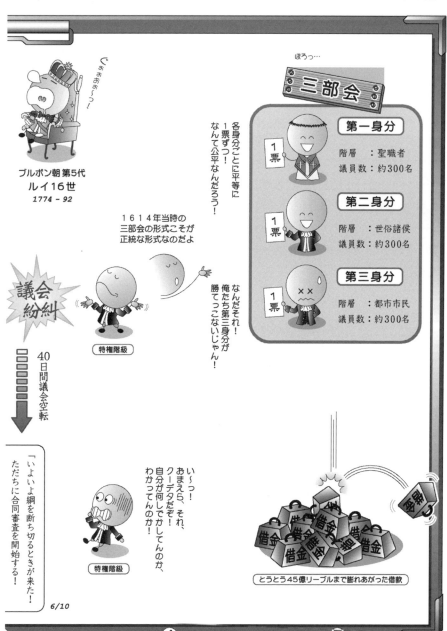

いよいよ三部会(エタジェネロー)が開催される運びとなりました。
　最後に三部会(エタジェネロー)が閉幕したのが1615年のことでしたから、そこから数えて、じつに174年ぶりのことです。(＊01)
　結論をさきにいえば、この三部会こそが、フランス革命という大爆発の"導火線"となっていきます。
　そのため、よく「三部会(エタジェネロー)の開催を要求したのは第三身分(チエールジタ)」だと勘違いしている方がおられますが、これを要求したのは、前幕でも見てまいりました通り、特権身分たちです。
　まさに「墓穴を掘る」形となったわけですが、このとき、私利私欲に目が眩(くら)んでいた特権身分たちには、これが「革命(レヴォリュシオン)の前哨(ぜんしょう)」となるとは、想像すらできませんでした。(＊02)
　そして、このころから、「三部会開催のため(エタジェネロー)」という共通の目的で"共同戦線"を張っていた特権身分と第三身分(チエールジタ)が、その紐帯(ちゅうたい)を失い、ギクシャクしはじめます。

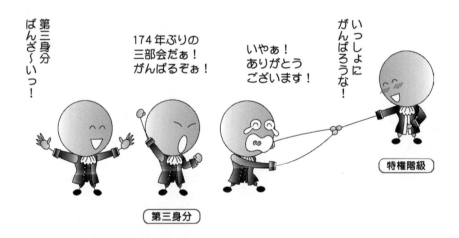

（＊01）「174年ぶり」というのは、日本の歴史に当てはめますと、江戸中期を最後に1度も開かれていなかった会議が、現代の世になってふたたび開催されているようなものです。

（＊02）その30〜40年も前からジャトールー夫人は「大転覆があるでしょう」と言い、J.J.ルソーは「我々は革命の世紀に近づきつつある」と口にし、他にも多くの人が「革命」を感じ取っていましたが、当の特権身分たちだけがまったくそれを理解できませんでした。

所詮は、水と油。
　その亀裂は「三部会の議決方式」から始まりました。
　174年もの長いタイムラグによって、第三身分はすっかり三部会の決議システム(エタジェネロー)を忘れてしまっていたので、その議決方式の発表がなされると、第三身分(チェールジタ)たちは騒ぎはじめます。

―― おいおい、聞いたか？
―― おぅ！
　俺たち第三身分(チェールジタ)の議員定数が「300」で、
　特権身分たちの議員定数は合わせて「600」だそうじゃねぇか！
―― これじゃ、俺たち勝てるわけねぇ！！
―― いや、定数云々以前に、議決方式が「身分別」だそうじゃないか！
　それじゃ、「2 vs 1」になるに決まってるじゃねぇか！
―― そうだ、そうだ！
　俺たち第三身分(チェールジタ)の議員定数を「600」に倍増したうえで、
　「議員別」議決方式にしろっ！！

　この騒ぎに驚いた特権身分はあわてて譲歩します。

「なんだ、議員定数が不満か？
　よろしい！
　では、第三身分(チェールジタ)の議員定数を600に倍増することを認めよう！」

```
・第一身分(クレルジェ)（聖職者）の議員定数：約300名  ┐
・第二身分(ノブレッス)（貴族）　の議員定数：約300名  ┘ 特権身分 約600名
・第三身分(チェールジタ)（平民）　の議員定数：約300名 → 定数倍増 約600名(＊03)
```

（＊03）正確には、特権身分593名（第一身分308名＋第二身分285名）、第三身分621名。
　　　したがって、数の上で特権身分よりも第三身分の方が少し多く、しかも、結束力も特権身分より第三身分の方が高かったため、「議員別議決方式」ならば、充分勝てる数字でした。

──やった！！
　これで特権身分も第三身分も議員定数が「600」同士！
　これなら戦える！
　早合点して、一部の第三身分たちは無邪気に歓びます。
　しかし。
　心ある者たちは、訝ります。
──おい、みんな、ちょっと落ちつけよ！
　喜ぶのはまだ早いぞ！？
　たしかに議員定数は「600」になったが、
　これで議決方式も「議員別」になったってことなのか？
　議決方式が「身分別」のままじゃ、意味ないんだぞ！？
　まさにその通り。
　しかし、そうした心ある者たちの声は、大衆の歓びの声に掻き消され(＊04)、そのことについてはウヤムヤにされたまま、選挙が行われ、三部会開催の日を迎えてしまいます。
　その前日（5月4日）には、盛大な行進が挙行されました。
　みな希望に胸を膨らませ、歓喜にわき、感涙にむせび、行進には万雷の拍手が送られます。
　しかし、その拍手は、第三身分の行列が前を通ったときのみ。
　つぎに特権身分の行列がやってくると、拍手はピタリと止む。
　ルイ16世の行列が近づくと「国王陛下、万歳！」の声がわきましたが、マリー＝アントワネットの行列が近づくと、ふたたび沈黙。(＊05)
　そこには、庶民の感情が露骨なまでに顕れていました。

（＊04）いつの世も、大衆というものは浅薄で感情的なもの。そうした者たちが歓喜にわく中、「冷静になれ！　違うだろ！？」という真実の声は掻き消されるのが世の常です。

（＊05）このころはまだ、国王に対して、国民の厚い信頼がありました。自分のときだけ沈黙になり、マリー＝アントワネットはショックで卒倒しかけたといわれています。

翌日5月5日はムニュ公会堂での開会式。

最初に、ルイ16世が義務的で短い開会の言葉をかけましたが、そのあとは、終始、玉座でウトウト…。(A-3)
まるで他人事(ひとごと)のように。

つぎに、法相、蔵相と、長々とした退屈な演説。(＊06)

第三身分(チェールジタ)たちにとって、一番の関心事であった「議決方式」についての説明は一切なし。

──おい、さっきからだらだらとくだらない経済上の数字の朗読ばかりだ。
　　肝心の議決方式についての説明はいったいどうなってんだ？

第三身分を不安が覆(おお)いはじめます。

そして、翌5月6日。

いよいよ審議に入る段になると、そこで初めて、第三身分(チェールジタ)たちは各身分ごとに用意された別々の部屋へ行くように促(うなが)されます。

これは「身分別」議決方式であることを意味しました。

特権身分たちは、何の説明もなく、ウヤムヤのうちに「身分別」での採決を強行しようと企(たくら)んでいたのです。

そんな175年も前の
カビの生えたような
システム、納得できるかぁ！

議会紛糾

1614年当時の
三部会の形式こそが
正統な形式なのだよ

第三身分　　　　　　　　特権階級

───────────────────────

(＊06) のちに、ミラボーは述懐しています。
　「もし、ネッケルに才があったなら、8日で希望の財政案を通過させ、9日目には議員たちを帰郷させることができただろうに」

――ちょ、ちょ、ちょっと待てぃ！！
　俺たちを別室に招くということは、「身分別」議決方式ってことかよ！
　断じて認めんぞ！！
――そうだ、そうだ！
　それじゃ、議員定数を600にした意味がないじゃないか！
　議員数が600人だろうが、千人だろうが、万人だろうが、
　結局「1票」に集約されるんだからな！
　第三身分（チェールジタ）たちは、前日に開会式が行われたムニュ公会堂に立て籠（こ）もって叫びます。
――我々は合同審査を要求する！！（＊07）（B/C-2/3）
　これで議会は審議に入る前から空転します。
　なんと40日間にもわたって。(C-3)
　嗚（ああ）呼、ここでルイ16世がひとこと、
「国王の名の下に命ずる！
　議員別議決方式に基づき、ただちに合同審査に入るように！」
…と断を下していれば！
　第三身分（チェールジタ）は欣喜雀躍（きんきじゃくやく）し、「国王陛下万歳！」の声は天にも届き、その勢いの前に、特権身分たちは沈黙せざるを得なかったでしょうに。
　そうなれば、フランス革命もなかったでしょう。
　しかし。
　この王にその決断を求めるのは、土台無理でした。
　6月10日。
　ついに、堪忍袋の緒（お）が切れた第三身分（チェールジタ）の中からひとりの男が叫びます。
　彼の名は、　Ｅ．Ｊ．シェイエス（エマニュエル ジョゼフ）。(D-2/3)

（＊07）議決方式が「身分別」なら、審査は「分離審査」、「議員別」なら「合同審査」となります。
　　　 つまり、「合同審査にしろ」イコール「議員別議決方式にしろ」ということです。

通称アベ=シエイエス。(＊08)
「ミラボーと共に革命を始め、ナポレオンと共に革命を葬った男（C-2/3）」
──いよいよ綱を断ち切るときが来た！
　我々はただちに合同審査を開始する！
　欠席者は棄権と見做す！（D-3）

つまり。
「もうこれ以上話し合うつもりはない！
　特権身分たちがどうしても合同審査に応じないというのなら、
　勝手に始めさせてもらう。
　出席しないならしないでいいよ、その場合は、棄権と見做すから！」
…という"最後通牒"を突きつけたわけです。

（＊08）彼自身は第一身分でしたが、父は第三身分（徴税請負人）。
　　　その関係で、こたびの三部会では第三身分議員として立候補していました。
　　　ちなみに、彼の通称の「アベ」というのは、「神父」という意味。

これには、特権身分たちも動揺、狼狽。(D-4)
　12日から「合同審査」が始まると、その翌日から、一部の第一身分議員（19名）がわらわらと合同審査に参加しはじめます。(＊09)
　15日から審議がはじまりましたが、まだこの時点では、第三身分からも戸惑いの声がありました。
──とはいえ。
　ほとんど俺たち第三身分（チエールジタ）だけで構成された三部会（エタジェネロー）は、
　その時点で三部会（エタジェネロー）として成立しないのでは？
　シェイエスは嗤って答えました。
「それならそれで、むしろ好都合ではないか。
　国 民 議 会（アサンブレ ナシオナール）をつくればよいだけのことである！」
　こうして17日には、この合同審査を「国 民 議 会（アサンブレ ナシオナール）」と命名することが決まります。(＊10)

（＊09）まるで「沈みゆく船から逃げ出すネズミ」のごとく。
　　　　第一身分といっても一枚岩ではなく、下層の聖職者の生活は第三身分と変わらないほど苦しかったため、同じような境遇にある第三身分に同情的でした。

（＊10）詳しくは、次ページのコラム「国民と人民の違い」を参照のこと。

Column 国民と人民の違い

　アベ＝シェイエスの提唱により始まった「合同審査」は、やがて「国民議会」と名付けられることになります。

　しかし、この名は満場一致ですんなり決まったのではなく、ミラボーの提唱する「人民議会」と、2日間にわたって激論が交わされています。

　一般的には「国民（nation）」も「人民（people）」もあまり区別しませんが、政治学上では明確に区別されます。

　とはいえ、この2つは歴史的で多義的な概念であるため、ひとことで説明するのはたいへん難しい。

　敢えていえば、

- 国民＝その国に住む人々を"不可分な総体"として認識したもの。
- 人民＝その国に住む人々を"個人の集合体"として認識したもの。

　つまり、「国民」とは、赤子も老人も、金持ちも貧乏人も、為政者も被支配者も、すべてひっくるめた"ひとつ"の観念的な存在なので、分割分類することはできず、あくまで「全体でひとつ」と考えます。

　これに対して、「人民」とは、個人が集まっているだけの、いわば"アリンコの群"として捉えたものです。

　したがって、「人民」は、立場によって主義主張によって、さまざまな分類・分割が可能となります。

　そこで、ミラボーは主張します。

「この議会は、特権身分たちを追い出し、第三身分（チェールジタ）だけでつくった議会なのだから、"国民"を名乗るのはおかしい。

分割可能な"人民"の名を冠するべきである！」

　これに対し、シェイエスは主張します。

「今回は、彼らが勝手に"棄権"しているだけで、我々が彼らを"排除"しているわけではない。したがって国民議会と名乗るべきである！」

　こうした激論が交わされたのち、490票 vs 90票で「国民議会（アサンブレ ナシオナール）」と定められました。

このことの意味は、たいへん大きい。

この会議が「三部会の合同審査〈エタジェネロー〉」ではなく、三部会〈エタジェネロー〉を否定した「新しい議会」という位置づけになるからです。

バスティーユ襲撃事件を待つまでもなく、すでにこの瞬間から「革命〈レヴォリュシオン〉」は始まっていたと言ってもよいでしょう。

シェイエスが「革命を始めた男」と呼ばれる所以〈ゆえん〉です。

国民議会〈アサンブレ ナシオナール〉は、

・万一、本議会が強制的に解散された場合には、一切の徴税を拒否する。
・本議会の決定に、何人〈なんびと〉たりとも拒否権を認めない。

…と宣言。

19日には、ついに第一身分〈クレルジェ〉が総崩れを起こし、「国民議会〈アサンブレ ナシオナール〉に合流する」ことを決定します。

顔面蒼白となる第二身分（貴族〈ノブレッス〉）たち。

シェイエスが声を上げてから、まだ10日と経っていません。

歴史はいったん動きはじめると、その動きは人間の想像をはるかに超えて速く、そして動きはじめたが最後、行くところまで行かない限り、止まることはありません。

まるでダムが決壊したかの如〈ごと〉く。

おいっ！
あんなモン、ぜってぇ
認めるんじゃねぇぞ！
ただちに国会を封鎖しろっ！

じゃ、封鎖っ

第1章　革命前夜

第6幕

ならば、あちらで！
球戯場(テニスコート)の誓い

動揺した第三身分(ノブレッス)は、王に迫り、軍を動員させて国会議事堂を閉鎖させる。しかし、一度動きはじめた歴史は、もはやそんなことで押し止めることはできない。
「諸君！　審議の場などどこでもよい！　ならば、あちらで審議しようではないか！」
こうして、「球戯場(テニスコート)の誓い」は立てられた。

陛下があぁ申されておるっ！
国王陛下のご意志は絶対
守られなければならない！

特権階級

〈球戯場の誓い〉

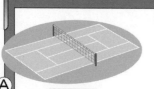

屋内球戯場
ホントは、ジュドポームというテニスの原型となったスポーツであって、テニス自体ではない。

いいじゃん、べつに！場所なんてどこだって！あそこの屋内球戯場で開催すればいい！

国民議会議員
ジャン＝ジョゼフ
ムーニエ
1789 - 90

なにをっ！修繕してる様子はないじゃないかっ！

国民議会議員
ミラボー
1789 - 91

6/20

テニスコートの誓い
1789.6/20

「国民議会は憲法を制定し、社会の秩序を回復し、王政の真の原則を擁護するために招集された」「憲法が制定されるまでは、われわれは決して議会を解散しないことを、厳粛に宣誓する！」

国民議会議長
ジャン＝シルヴァン
バイイ
1789 - 91

国民議会議員
アベ＝シエイエス
1789 - 91

これでよかったんだろうか。何かイヤな予感がする。革命が暴走しなければいいが…

うう…感動で胸が張り裂けんばかりだ！

フランス万歳！国民議会万歳！

ありがとう！ここまで来れたのもあなた方の協力があったればこそです！

いえいえ。これからも共闘していきましょう！

ブラボー！
ブラボー！
ミラボー！

第三身分たちが勝手に「国民議会(アサンブレ ナシオナール)万歳(わめ)！」などと喚(わめ)きはじめた当初は、貴族(ノブレス)たちにもまだ余裕がありました。

「はん！　そうやって勝手に吠(ほ)えてるがいい！
　下賤(げせん)の者どもがつくった議会など、なんの権威もないわ！」

ところが、それからわずか２日後（19日）。

第一身分たちまでこれに合流することを決定した(クレルジェ)(＊01)との情報が入ってきたときには、さしもの貴族(ノブレス)たちも色を失います。

「なにっ！？

　第一身分(クレルジェ)たちまで国民議会(アサンブレ ナシオナール)に合流を決定しただとっ！？

　それはまことか！？」

狼狽(ろうばい)した王族(＊02)・貴族(ノブレス)たちは、その日のうちに王宮に駆けつけ、ルイ16世に詰め寄ります。（A-5）

「陛下！！

　やつらのやっていることは反逆行為ですぞ！

　このままでは、明日には暴徒どもと第一身分(クレルジェ)が合流してしまいます！

　それだけは、なんとしても阻止(そし)しなければなりませぬ！

　その前に、ムニュ公会堂(＊03)（A-4）を閉鎖してください！」

このような要求に対するルイ16世の答えはいつも同じです。

──うむ。

　　善(よ)きに計(はか)らえ。

何ひとつとして、自分の頭(オツム)で考え、判断し、決断することのできない王。

フランス革命を深刻化させた原因のひとつでもあります。

（＊01）じつは、同日（19日）、第二身分も「国民議会に加わるべきかどうか」の審議をしましたが、棄却されていました。

（＊02）その中には、ルイ16世の弟で、のちにフランス・ブルボン王朝の最後の王「シャルル10世」となるアルトワ伯爵の姿もありました。

（＊03）当時、国民議会が審議の場として使用していた建物。いわば、国会議事堂。

翌20日の朝。
　雨の降る中、第三身分たちがムニュ公会堂の前までやってくると、そこは王室衛兵隊(ガルド・フランセーズ)によって封鎖されていました。(A/B-3/4)
── なんだ、なんだ？
　なんでムニュ公会堂(ガルド)の前に衛兵がいる？
「現在、ここは修繕中につき、入ること罷(まか)りならぬ！」

── なにぃ！？
　なんだ、その取って付けたような嘘は！？
　修繕してる気配などないではないか！
　俺たちはここを通るぞ！
　血の気の多いミラボー(A-2/3)を中心として、強行突破を図ろうとする一部の国民議会(アサンブレ・ナシオナール)議員たちと王室衛兵隊(ガルド・フランセーズ)が一触即発！
　まさにそのとき、議員のひとり、J．J．ムーニエ(ジャン・ジョゼフ)(A-1/2)がなだめます。

――まぁまぁまぁ、ミラボー殿。
　よいではありませんか。
　ここで意地を張ってケガをするのも賢くありませんぞ。
　べつにここでなければ審議ができないというわけではありませぬ。
　ほら、すぐ隣に球戯場（A-1）^(＊04)があるではありませんか。
　ここが"修繕中"というのならけっこう！
　むこうで審議すればよいだけですよ。
「……なるほど、もっともだ」
　彼らは、ぞろぞろと球戯場へ移動、そこでひとつの「誓い」を立てました。
――我々は、憲法が制定されるまでは決して議会を解散しないことを、
　　ここに厳粛に宣誓する！（B/C-1）
　これこそが、有名な「球戯場の誓い」です。
　このときの情景を臨場感たっぷりに描いた画家がＪ．Ｌ．ダヴィッド。(D-5)
　簡単に絵の説明をしてみますと、

屋内球戯場

いいじゃん、べつに！
場所なんてどこだって！
あそこの屋内球戯場で
開催すればいい！

国民議会議員
ジャン＝ジョゼフ
ムーニエ

なにをっ！
修繕してる様子は
ないじゃないかっ！

国民議会議員
ミラボー

（＊04）現在のテニスの前身となったスポーツ「ジュドポーム」をするための屋内球戯場。
　　　直訳すると「手のひらゲーム」。最初はラケットを使わずに手のひらでボールを打ちあう娯
　　　楽でした。英語では「Tennis Court」、日本語では「球戯場（×球技場）」と書きます。
　　　・球技 … ボールを使うスポーツ。勝ち負けを前提として技を競い合う。
　　　・球戯 … ボールを使う娯楽。楽しむのが目的で勝ち負けは二の次。

第 6 幕　球戯場の誓い

［写真①］球戯場の中央で机の上に立ち、右手を挙げて「宣誓」しているのが、
　　　　　国民議会議長のＪ．Ｓ．バイイ。(C-2)
［写真②］その前では、第一身分と第三身分が手に手を取って抱き合い、悦びを
　　　　　分かち合っています。(D-2)
［写真③］胸に両手を置き、あたかも感動に打ち震えているようにしているのが
　　　　　弁護士出身　Ｍ．Ｆ．Ｍ．Ｉ．ロベスピエール。(C-3)
［写真④］股を広げ、右手を高らかに挙げ、左手で帽子を前に突きだして、まる
　　　　　で咆哮でもしているような人物が、Ｈ．Ｇ．Ｒ．ミラボー伯爵。

ダヴィッド「球戯場の誓い」（1791年、カルナヴァレ美術館）抜粋

この瞬間を後世に残すのだ！
観る者がこの場に居合わせたと
錯覚するがごとき臨場感をもって！

古典主義画家
ジャック=ルイ
ダヴィッド

国民議会議員
ロベスピエール

国民議会議員
ミラボー

国民議会議員
バルナーヴ

[写真⑤] その後ろで、他のみんなと同じように右手を挙げつつも、どこか控えめな　Ａ．Ｐ．Ｊ．Ｍ．バルナーヴ。
（アントワーヌ　ピエール　ジョゼフ　マリ）

[写真⑥] しかし、そうした熱狂の中で、バイイの横の椅子に座り、沈痛な面持ちをしているのがシェイエス。(C-2)
「ほんとうにこれでよかったのだろうか…」
そんな彼の心の声が聞こえてきそうです。

[写真⑦] そして、熱狂の端では、胸の前で両手を十字に組み、苦悩の表情を顕わにしている人物がいます。(C-5)
彼こそ、「国王が認可しない決議の実行を誓うことができない」として、この宣誓に唯一反対したＭ．ドーシュ。
（マルタン）
左隣にはそれを責める人物、右隣には彼をかばう人物が見えます。

この「誓い」は、ほぼ満場一致(＊05)で可決され、
「フランス万歳！」「国民議会万歳！」「国王陛下万歳！」
（アサンブレ　ナシオナール）
…の三唱を以て閉幕します。
しかし、事ここに至っても、Ｍ．ドーシュはもちろん、他の多くの議員たちも、いまだ国王を慕う気持ちは消えていませんでした。
（マルタン）（した）

(＊05) Ｍ．ドーシュ、ただ１票の反対を除いて。

第1章　革命前夜

第7幕

「国王宣言」はいかに
特権身分の動揺

国会議事堂を閉鎖しても、叛徒を抑えられなかった。それどころか叛徒どもは勢いづく一方だ。やつらを抑えつけるためには、如何にすべきか。ここはひとつ、国王御自ら御出座いただき、やつらを一喝していただくしかあるまい。こうして「国王宣言」が発せられる。しかし、それは火に油を注いだだけであった。

〈特権身分の動揺〉

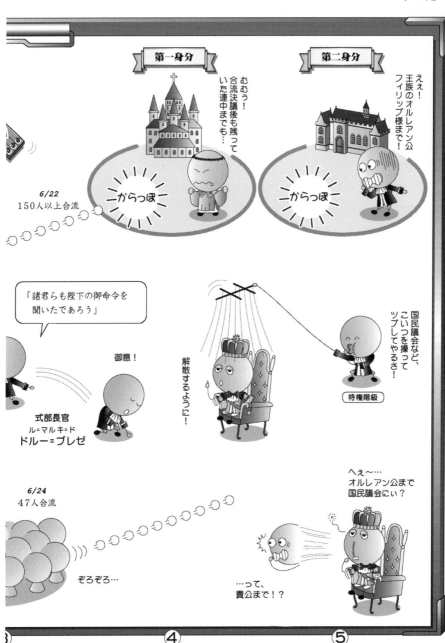

球戯場で「誓い」を立てたことで、国民議会(アサンブレ ナシオナール)は本格始動したと言ってよいでしょう。(A-1)

19日に「三部会(エタジェネロー)に合流を決定」しながら、意固地になって三部会(エタジェネロー)に残っていた第一身分の議員たち(クレルジェ)(＊01)も、22日になると、雪崩を打って国民議会(アサンブレ ナシオナール)に合流しはじめます。(B-3)

いよいよ三部会(エタジェネロー)は"時代の遺物"として消滅寸前になってきました。

繰り返しますが、歴史というものは、ひとたび動きはじめると、決壊したダムの如く、何人たりともそれを止めることはできません。

しかし。

その当事者、とくに体制側は「歴史が動いている」ことに気がつかないものです。(＊02)

貴族ら(ノブレス)は、ルイ16世に迫ります。

「あの謀反人どもをこれ以上放置してはなりませぬ！

ここは国王陛下御自ら御出座いただき、その威厳を以て、やつらを叱責くださいますよう！」(C-5)

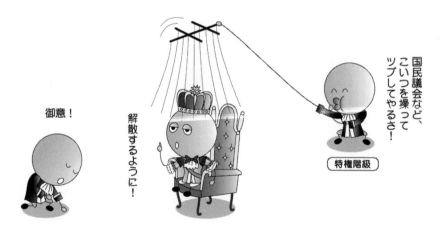

御意！

解散するように！

国民議会など、こいつを操ってツブしてやるさ！

特権階級

(＊01) 第一身分議員全体の約半数（150人ほど）。

(＊02) たとえ気づいたとしても「なんとしても止める！」という思いが勝るようです。

―― うむ、善きに計らうがよい。

　こうして、翌23日、すべての身分の議員が一堂に集められ、所謂「国王宣言」が発せられることになりました。(＊03)

―― 諸君。
　　余は諸君らが即刻「国民議会(アサンブレ ナシオナール)」を解散することを命ずる。
　　明朝には、各身分ごとに定められた議場に集まり、
　　「分離審査」を再開するように。
　分離審査、すなわち「旧来の三部会のしきたり通りに粛々と話し合いを進めよ」との陛下御自らのお達しです。
　もっといえば、これまでの第三身分(チェールジタ)たちの努力・主張の全否定です。
　そして、最後に、決定的な言葉を口にします。

―― もし、諸君らが余の命に従わないと言うならば、
　　もはや、三部会(エタジェネロー)に諮ることすらせぬ。
　　ただちに三部会(エタジェネロー)も解散し、すべて余の独断を以て事を進めるであろう。

　この"棄てゼリフ"を残して国王は早々に退場。
　国王を追うようにして、第一身分(クレルジェ)、第二身分(ノブレッス)も退場します。
　第三身分(チェールジタ)たちは愕然、呆然、唖然。
　彼らだけがそのまま動きません。(＊04)
　見かねた式部長官(＊05)M．D．ブレゼ侯(マルキ ドルー)(C-3)が近づいてきて言います。
「陛下のご命令をお聞きになったであろう？」
　暗に「このまま退場しなければ、反逆罪にも問われかねませんぞ？」と釘を刺しにきたのです。

(＊03)とはいっても、ルイ16世は「貴族たちが作った原稿」を朗読するだけで、ルイ16世自身は、その文面の意味すら、よく理解できていなかったともいわれています。

(＊04)「動かなかった」のではなく、動揺して「動けなかっただけ」ともいわれています。

(＊05)宮廷内にあって、祭典・儀式　接待などにあたる官職。

これに、小心者のバイイ議長（C-2）はおどおど。^(＊06)
── いや…その…。
　　私の一存ではなんとも…。
　　他の議員と話し合ってからでないと…。
　気後（おく）れしているバイイに喝を入れるようにして、後ろから大きな怒声が響きます。
── ブレゼ殿！
　　君はここに議席がないのだから、なんら発言権はないはずだ。
　　我々をここから追い出したくば、武力で来たまえ、武力で！
　声の主は、ミラボー（C-1）でした。
　彼の咆哮（ほうこう）に勇気を与えられ^(＊07)、他の第三身分議員たちも拍手喝采（チエールジタ）（かっさい）。
── そうだ、そうだ!!
── 国王にそう伝えろ！

国民議会議員
ミラボー

国民議会議長
バイイ

式部長官
ル＝マルキ＝ド
ドルー＝ブレゼ

（＊06）このときのバイイの態度には諸説あります。
（＊07）いつの世も大衆というのは、誰かが何か行動するまでおとなしく、誰かが動くと、急に威勢がよくなる ── そういうものです。

そこで、D．ブレゼ侯は、ただちにルイ16世に事の次第を報告します。
「陛下！
あの者どもは、"武力で来い"などと申しております！」
ルイ16世は答えます。
――ま、放っとけ。(＊08)
　余は、あの宣言(＊09)に固執しようとは思っておらぬ。
　こうした腰ヌケぶりを見てか、翌24日には、ついに第二身分からも大量の離反者が出ます。(D-3)
　しかも、その先頭を率いるは、オルレアン公。(＊10)(D-2)
　これには、宮廷に激震が走ります。
　オルレアン公は、「貴族(ノブレッス)」とは言っても、限りなく王家(ロワイヤル)に近い貴族(ノブレッス)です。
　そのオルレアン公が47名の貴族(ノブレッス)を引きつれて、国民議会(アサンブレ ナシオナール)に走ったとなれば、ルイ16世でなくとも衝撃を受けます。(D-5)
　風雲、急を告げる！

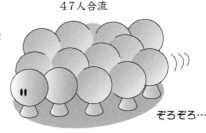

(＊08) 一説には、このときルイ16世は「軍の出動を命じたものの、軍が命令に従わず、失敗した」ともいわれています。
(＊09) 前々ページの「国王宣言」のことです。言った先から前言撤回。為政者として致命的です。
(＊10) オルレアン公については、次ページのコラム「オルレアン公」を参照のこと。

Column　オルレアン公

　フランスにおいて、「オルレアン公」という爵位は、数ある爵位の中でもとくに意味深いものでした。
　日本でいえば、「将軍家」をブルボン王家に譬えるなら、オルレアン公は「御三家筆頭　尾張藩」のようなものです。
　同じ「藩」であっても、尾張藩が他の藩とは"格"が違うように、同じ「貴族（ノブレス）」でも、オルレアン公は他の貴族（ノブレス）とは格が違います。
　フランス革命当時のオルレアン公は、ルイ14世の弟フィリップを祖とした、5代目のルイ＝フィリップ＝ジョゼフ。
　しかし、この男は食わせ物でした。
　無節操で放蕩、頭（オツム）の巡りは悪いくせに、プライドは天井なしに高く、身分不相応な野心家。
　不遜にも、革命期のこの混乱に乗じて王位簒奪を企て、ときには高等法院（パルルマン）の、ときには民衆の味方を装って、王権の弱体化に尽力します。
　さきのコラム「親臨法廷（リドジュスティス）」でも触れた、やおら「陛下、それは違法ですぞ！」と発言し、王権を抑えつけた、あの男です。
　そんな"前例"を作ってしまったら、仮に夢が叶（かな）って自分が王になったとき、今度はそれが自分の首を絞めることになるのに、そんなことも理解できない愚かな男でした。
　以後、庶民（しょみん）に媚びるため、自ら「平等公（エガリテ）」などと称し、民衆に迎合する行き当たりばったりの言動を繰り返します。
　借金で首が回らなくなると、こづかい稼（かせ）ぎのために、自分の邸宅であるパレ＝ロワイヤルを開放したため、そこは娼婦宿と化し、王朝打倒を叫ぶ危険分子の温床となっていきます。
　物事を大局的に見る力がなく、何事にも目先の利得（とく）に捉われて行動するため、すべてが裏目、裏目…。
　最期は、自分の宮殿（パレロワイヤル）で育てた革命家たちによって、断頭台（ギロチン）に送られることになるのですが、それも自業自得か。

第2章　革命勃発

第1幕

武器を取れ！
廃兵院襲撃事件(アンヴァリッド)

「国王宣言」も不発に終わった。いよいよ焦りを覚えた特権身分は、国民議会(アサンブレナシオナール)を力ずくでねじ伏せんとばかり、軍を召集しはじめる。その一方で、事態の責任を問い、ネッケルをも解任。これに敏感に反応した国民議会(アサンブレナシオナール)は声を上げた。
「武器を取れ(オ･ザルメ)！　市民諸君(シトワイヤン)！」

「諸君！
　ただちに武器を取れ！」

ネッケル解任は
国民に対する
ブジョクだ！

〈廃兵院襲撃事件〉

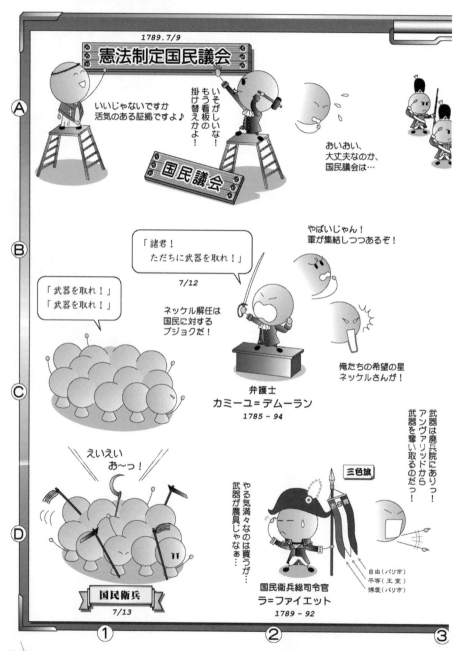

第１幕　廃兵院襲撃事件

1789年7月

まさかよもや、オルレアン公まで王家を見限るとは！
なんたる為体（ていたらく）！

　それというのもこれというのも、謀反人（むほん）どもに対し、ルイ16世が毅然（きぜん）とした態度で臨（のぞ）まぬからだ！

　いきり立った一部の急進派の貴族（ノブレッス）らが国王に迫ります。（A-5）
「こんな事態になったのは、陛下がやつらを甘やかしたからですぞ！
　向こうが"武力で来い"と言っているのです！
　ここでこちらが臆（おく）しては、支配者たるものの面目が立ちませぬ！
　陛下！　ただちに全国の軍をパリに召集していただきますよう！」

　こうしたとき、王の態度はいつも同じ。
――うむ、善（よ）きに計（はか）らうがよい。

　こうして、26日、全国の地方軍が召集される（A-3/4）や、そのことを知った慎重派の貴族（ノブレッス）らが、王に迫ります。
「陛下！
　もはやこの趨勢（すうせい）を"力"で押し止めることはできませぬ！
　ここはむしろ国民議会（アサンブレ ナシオナール）を認めてやり、恩を売るのです！」

――い、いやしかし、余はすでに軍を…
　　あ、いや…では、死んだ気になって、そのようにしよう。

彼はどうしても「否(Non)」と言えない性格だったようで。(＊01)

そこで、軍の召集をかけた翌日(27日)、ルイ16世は声明を発表します。

── 特権身分の者は、すみやかに 国民議会(アサンブレ ナシオナール) に合流するように。

まさに殴りかからんと右手を振り上げながら、左手で握手を求めているようなものです。(＊02)

それにしても、 国民議会(アサンブレ ナシオナール) は、ルイ16世陛下のお墨付(すみつき)を得たわけで、これを以(もっ)て、正式に「 国民議会(アサンブレ ナシオナール) 」が発足、名実ともに三部会(エタジェネロー)は消滅したと、市民は狂喜しました。

しかし、その熱狂も束(つか)の間、パリに、ヴェルサイユに、ぞくぞくと全国の軍が結集していくのを目の当たりにし、 国民議会(アサンブレ ナシオナール) は不安を覚えます。

── なんだ、この軍は!?

俺たちを殲滅(せんめつ)しようというのか！

「否(Non)。お前たちを護衛するためである！」

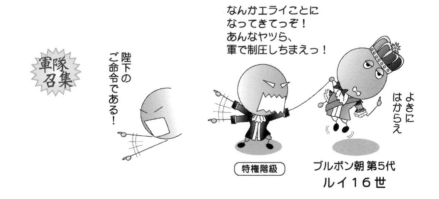

(＊01)「おやさしい方」といえばそうなのでしょう。彼が「錠前作りの職人」として生を受けたのであれば、「お人好しの職人」として慕われたでしょう。しかし、不幸にして、彼は国王でした。王たる者として見たとき、この軟弱さ、優柔不断さはたいへん罪深い。

(＊02) 好意的に解釈すれば、「国民議会を承認したのは、あくまで"軍が結集するまでの時間稼ぎ"という高等戦略」と見ることもできますが…。おそらくそうではないでしょう。

――護衛？　誰から？

　お前たち以外の誰が我々に危害を加えるというのか！

　こうして危機感を募らせた国民議会（アサンブレ　ナシオナール）は、7月9日、「球戯場の誓い（テニスコート）」を再確認・鮮明化し、結束を強化するため、「国民議会」に「憲法制定」の言葉を付け加え、「憲法制定国民議会（アサンブレ　ナシオナール　コンスティテュアント）」と改名します。(A-1)（＊03）

　その翌日には、軍の結集が完了し、この憲法制定議会（アサンブレ　コンスティテュアント）と軍は一触即発の睨（にら）み合いに。

　この事態に慌てたネッケルが国王に進言しました。

「陛下！

　どうか、軍を撤退（てったい）させてください。

　このままでは口にするのもおぞましい大暴動が発生することになりますぞ！」

　しかし、これに貴族（ノブレス）たちが噛（か）みつきます。

「軍を撤退（てったい）させるなど、とんでもない！

　それでは、王の威厳はどうなります!?

　そもそもこんな事態になったのもすべてはネッケルの責任！

　ヤツを解任いたしますよう！」(B/C-5)

――うむ。善（よ）きに計（はか）らえ。

特権階級

ブルボン朝 第5代
ルイ16世

（＊03）少々長ったらしい名前のため、これを「憲法制定議会」と略したり、さらに縮めて「憲制議会」、意味から「制憲議会」「立憲議会」などと呼んだりします。
　ただし、紛らわしいので、これ以後もそのまま「国民議会」と呼ぶことが多い。

こうして、ネッケルはあっさり更迭されました。(B/C-3/4)

さきにも触れましたように、J．ネッケルは第三身分出身だったこともあって、市民からたいへん人気があったにも関わらず。(＊04)

市民たちは、

「ネッケルさんがいる限り、彼が何とかしてくれる！」

「ネッケルさんが、我々と王室との橋渡しをしてくれる！」

…と、彼に大きな期待をかけていましたから、「ネッケル罷免」の報は、市民を支えていた"細い糸"を断ち切るには充分な衝撃を与えることになりました。

翌12日、その一報に声を上げたのは、当時29歳、新進気鋭の弁護士、Ｌ．Ｓ．Ｃ．Ｂ．デムーランでした。(C-2)

彼は、パレ＝ロワイヤルの中央広場のテーブルに飛び乗り、剣を振り上げ、叫びます。

「市民諸君！！(＊05) ただちに武器を取れ！！」

（＊04）ただし、蔵相としては、大した業績を残したわけでもなく、彼は「政治家としての才」より、特権身分の収入を公開したり、会計報告をごまかしていかにも余剰金があるように見せかけたり、「人気取りのうまい政治家」であったと言った方が正確でしょう。

（＊05）このころから、市民の中で「ムッシュ」「マダム」と呼び合うのではなく、「シトワイヤン」「シトワイエンヌ」と呼び合う風潮が拡がっていました。

「たった今、我らが希望の星、ネッケル蔵相が罷免されたぞ！
これは、国王が真っ向から我々と敵対するという意思表示である！
パリを包囲している兵たちが、今すぐにでも我々に襲いかかってくるぞ！
むざむざ殺されたくなくば、武器を取れ！
武器を取るのだ、市民諸君！（B-1/2）(＊06)」
この言葉に、市民は興奮状態となり、唱和が湧き起こります。
「武器を取れ！」
「武器を取れ！」（B/C-1）
しかし。
その言葉こそは威勢がいいが、如何せん、肝心要の武器がない。
鍬や鋤や鋏や包丁ではどうにもなりません。
武器商を襲って多少の武器を得たとて、やはり絶対的に足りません。
翌13日には、集まってきた市民たちをちゃんとした軍として組織し、これが元となって「国民衛兵」となっていきますが、「兵」はいても「武器」「弾薬」が絶対的に少ないのは変わりません。（D-1/2）

(＊06) この言葉は、のちに国歌「ラ・マルセイエーズ」の歌詞の中にも取り入れられます。

そこで、声が上がります。
「廃兵院(アンヴァリッド)だ！！」
「そうだ！
あそこなら、武器もたっぷりあるはずだ！」
　廃兵院(アンヴァリッド)というのは、ルイ14世のころに、傷病兵を看護するための施設として建てられたものです。(D-5)^(＊07)

　市民(シトワイヤン)は、イナゴのごとく廃兵院(アンヴァリッド)に殺到し、アッという間にここを占拠、武器を奪ってしまいます。

　これにより、3万2000丁の小銃と、12門の大砲が手に入りましたが、肝心の火薬が手に入りませんでした。

　火薬がなければ、銃も大砲も、ただの鉄塊。

「火薬だ！　火薬がいる！」

　もはや、民衆の暴走は止められないところまで来ていました。

廃兵院（アンヴァリッド）

（＊07）しかも、なんと現在でも現役で機能しています。
　　その地下には墓地があり、中央にナポレオン＝ボナパルトの棺が収められています。

Column　行きずりの老婆は…

　フランス革命の直前、イギリスの経済学者でA（アーサー）．ヤングという人物が、フランス各地を旅行し、アンシャン＝レジーム下の社会をつぶさに観察、その見聞を『フランス紀行』という本に認（したた）めています。
　その書物の中で、彼は興味深い話を語っています。
　時は1789年7月12日と言いますから、まさにC（カミーユ）．デムーランがパレ＝ロワイヤルにおいて「武器を取れ！（オウザルメ）」と叫んでいた日のことです。
　その日、彼が長い坂を登って歩いていたとき、ひとりの老婆と行きずりになりました。
　腰は曲がり、シワは深く、肌は日に焼け、固そうでした。
　見たところ、歳は60…いやそれ以上か。
　その老婆は、今会ったばかりのイギリス人紳士に滔々と「生活苦（とうとう）」を訴えます。
「でも、今、お偉いさんたちが、私たち貧乏人の生活をよくするために、
　何かしてくださっているらしいですわ。
　私ら無学な貧乏人には、誰が何をしてくださっておられるのかは、
　さっぱりわかりませんけどねぇ…」
　A（アーサー）．ヤングは、老婆の愚痴（ぐち）をひとしきり聞いたあと、尋ねました。
──ご苦労されたのですね。
　　なに、これからはきっとよくなりますよ。
　　ところで、マダムは今年おいくつになられたのですか？
「28になりました」
　なんと！！
　今の今まで"老婆"だと思って話していた女性は、まだ28歳の若い女性だったのです。
　当時のマリー＝アントワネット（34歳）よりも若い！
　当時のフランス農民の平均寿命は25歳を超えなかったといいます。
　貧困と過労は、人間の老化をかくも急速に促進させるのです。

第2章 革命勃発

第2幕
これは"暴動"にあらず
バスティーユ牢獄襲撃事件

廃兵院を襲撃した暴徒たちは、そのままバスティーユ牢獄に向かった。どんなに堅牢な要塞も、それを護る兵に士気がなくば、保ちこたえられるものではない。
ただちにヴェルサイユの国王の下へ伝令が走る。
「陛下！　一大事！　バスティーユが襲撃されました！」
眠い目をこすりながら、国王が答えて曰く…

ルイ16世の日記

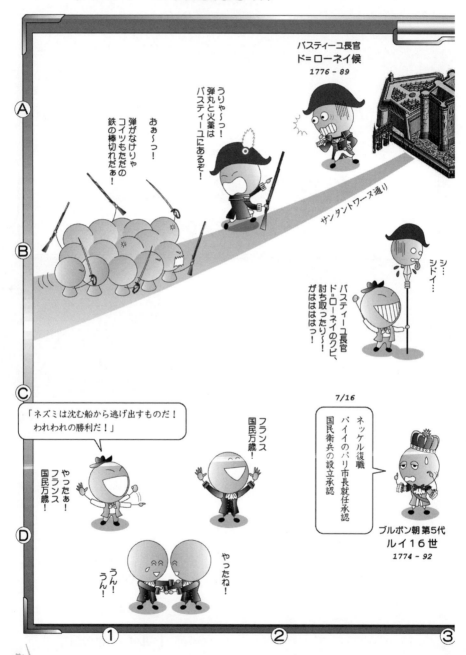

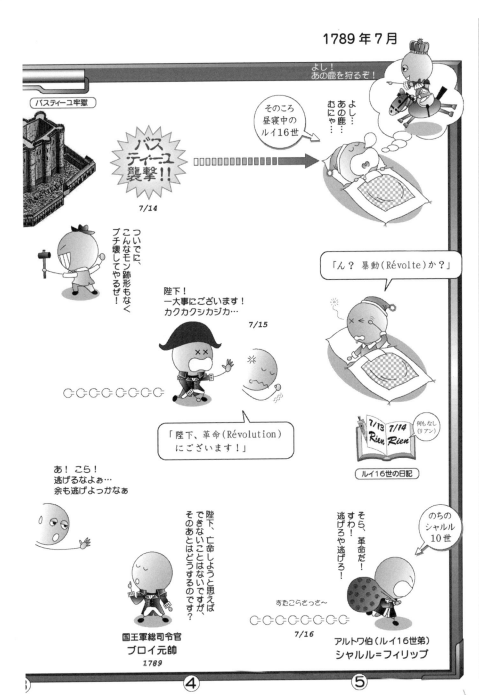

窮　鼠、猫を嚙む。

トコトン追い詰められた者は、たとえ「絶対弱者」であっても、強者に向かって攻撃性を剝き出しにすることがあります。

このときの市民（シトワイヤン）たちは、まさにそうだったのでしょう。

廃兵院（アンヴァリッド）を急襲して武器は手に入れたものの、火薬がないことを知るや、市民たちは、口々に叫びはじめます。

「バスティーユへ！！」

「バスティーユへ！！」

──バスティーユ牢獄（A-3）──

当時は政治犯や精神病者など(＊01)の「牢獄」として機能していましたが、本を正せば、れっきとした軍事要塞(＊02)。

幅25mの濠を巡らし、高さ30mもの城壁で囲まれた堅牢な要塞です。

これを陥とそうと思うなら、すぐれた将に率いられ、整然とした攻囲作戦に基づいて、何日・何週にもわたって砲弾を撃ち込まなければなりません。

しかし、市民（シトワイヤン）側にそれができるほどの準備も、砲弾も、経験もない。

仮にあったとしても、守備（バスティーユ）側は、ビクともしない城塞の内側から、革命軍に砲弾を撃ち込んでやるだけでよい。

たかが市民（シトワイヤン）など、それだけで雲散霧消するに違いありません。

もし、市民（シトワイヤン）たちが踏んばり、膠着状態に陥ったとしても、城内の食糧が尽きる前に王室衛兵隊（ガルド・フランセーズ）が援軍に駆けつけてくれよう。

たしかに、バスティーユを陥としさえすれば、目的の武器も弾薬も、さらには食糧まで手に入るでしょう。

しかし、ふつうに考えて、そもそも陥ちるはずがありません。

（＊01）襲撃時、政治犯はひとりも収監されていませんでした。この事件の直前まで収監されていた精神病者には、「サディズム」の語源となったことでも有名なサド侯爵がいます。

（＊02）そもそも「バスティーユ」というのがフランス語で「要塞」という意味です。正式名は「バスティーユ・サンタントワーヌ（サンタントワーヌ要塞）」ですが、これがあまりにも有名過ぎるので、「バスティーユ」が固有名詞化したものです。

そんなこと、パリ市民だって、"百も合点、二百も承知"。
　しかし。
　冒頭にも述べましたように、このとき市民(シトワイヤン)たちは、正常な判断ができない興奮状態にありました。
「バスティーユへ！！」
「バスティーユへ！！」
　そう叫びながら、市民(シトワイヤン)たちは後先も考えず、サンタントワーヌ通りをバスティーユまで一直線に行進していったのです。(A/B-2)
　その日の昼ごろ、要塞(バスティーユ)を包囲した市民軍は、バスティーユ長官 B．R．J．ド＝ローネイ侯(A-2)に「降伏勧告」を送ります。
　もちろん、ド＝ローネイ侯は拒否。
　こんな交渉が何度か繰り返されましたが、ラチがあくはずもなく、ついに決裂、交戦状態に入ります。
　じつは、「勝てるわけがない！」と思っていた国民議会(アサンブレ ナシオナール)は、市民(シトワイヤン)の暴走に狼狽(ろうばい)し、なんとか穏便(おんびん)に事態を収束させようと水面下で努力していましたが、すべて水の泡。

とはいえ、やはり圧倒的に守備(バスティーユ)側が有利。
　守備兵は、城塞の狭間(さま)(＊03)から狙(ねら)い撃(う)ちすればよいだけですから、市民(シトワイヤン)はつぎつぎと屍(しかばね)を重ねていく(＊04)というのに、守備(バスティーユ)側の犠(ぎ)牲(せい)はたったひとり、という有様。
　これでは、"戦(いくさ)"というより"一方的な殺戮(さつりく)"に等しい。
「やはりバスティーユなんか陥(お)ちるわけがない！」
　そう臆(おく)するのかと思いきや、市民(シトワイヤン)の気勢は衰えません。
　むしろ、その市民兵の勢いを前にして、戦意を失ったのは、守備(バスティーユ)兵の方でした。
「ド＝ローネイ閣下！　降伏しましょう！」
――た、たわけ！　突然、何を申すか！
　　　　我々が圧倒的に優位ではないか！
　しかし、兵は哀(あい)願(がん)します。
「しかしながら！
　これは、戦(いくさ)にあらず、"一方的な殺戮(さつりく)"にすぎません！
　しかも、我々が銃口を向けているのは一般の市民(シトワイヤン)です。
　あの中に、我々の友人、親戚縁者がいるかもしれないのです。
　これ以上、市民(シトワイヤン)を虐殺(ぎゃくさつ)する行為などできません！！」
　兵たちは、軍人としての誇りと良心の呵(か)責(しゃく)に押しつぶされて、まったく戦意を失っており、もはや、ド＝ローネイ侯に彼らを督(とく)戦(せん)する言葉などありませんでした。(＊05)
　こうして、まもなく白旗が上がったのは、要塞(バスティーユ)側でした。
――命の保障が得られるなら、降伏する。

（＊03）銃を撃つために、壁などに開けられた窓穴のこと。

（＊04）史料により数字が変わりますが、一説に、このときの戦死者83名、負傷者88名。

（＊05）この直後、ヤケになったド＝ローネイ侯は、城内135樽の火薬に火をつけ、バスティーユごと吹っ飛ばそうと試みましたが、兵に制止され、断念しています。

第２幕　バスティーユ牢獄襲撃事件

　これが受諾され、午後５時ごろ、バスティーユは開城。
　なんと、"陥ちるはずがない"バスティーユは、ほんの数時間であっけなく陥落したのです。(＊06)
　所詮、城を護るのは、"物"ではなく"人"です。(＊07)
　しかし、興奮し、殺気だった市民（シトワイヤン）の前に、「命の保障」の約束は守られず、要塞（バスティーユ）から引きずり出されたド＝ローネイ侯は、殺到した市民（シトワイヤン）にモミクチャにされ、暴行されます。

　── ええい！　殺せ！
　　　いっそ殺したらどうだ！

　強がりだったか、本気だったか、彼のこの言葉に民衆はキレます。
「ならば、望み通りに！！」
　一斉に全身を剣で串刺しにされ、銃弾を受けて絶命。
　その首は落とされ、槍の先に曝されました。(＊08)（B/C-2/3）

（＊06）『ベルサイユのばら』では、主人公オスカルが戦死するクライマックスシーンです。

（＊07）コンスタンティノープル、ロータスフォート、シンガポール。
　　　　どれほど「難攻不落」と謳われた堅牢な城塞であろうが、それを護る「人の結束」がなければ、"城"は簡単に陥落します。これは現代の「企業」においても同じことです。

（＊08）講和条件が、興奮した民衆によって踏みにじられるということはよくあることです。

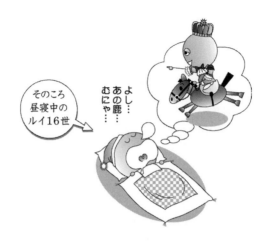

　ちょうどそのころ、国王ルイ16世は何をしていたかというと…。
　……寝ていました。(A-5)
　この日も、午前中は好きな狩りでヴェルサイユの森を駆け回り、ウサギ1羽も獲れずに疲れて帰り、事件の真っ只中は昼寝をしていました。
　やがて、その日の夜から未明にかけて(＊09)、パリからの急使（R．リアンクール公爵）が血相を変えてヴェルサイユ宮に駆け込んできます。(B/C-4)
急使「今すぐ陛下に取り次いでもらいたい！」
側近「陛下はすでにご就寝にあらせられる！
　　　明日にされよ！」
急使「たわけ！ それどころではないわ！
　　　いいから、ただちに取り次げ！」
　叩き起こされたルイ16世は、眠い目をこすり、下問します。
── いったいどうしたというのじゃ、こんな夜更けに？

（＊09）はっきりとした時間はよくわかっていません。
　　　日付変更前なら14日、変更後なら15日となります。

第 2 幕　バスティーユ牢獄襲撃事件

「陛下、それどころではございませぬぞ！
　ついに、パリ市民（ジャン）が蜂起、バスティーユを襲い、これを陥落させました！
　長官ド＝ローネイ侯は惨殺（ざんさつ）され、その首は曝（さら）されております！」
── なんじゃと！！　それは暴動（Révolte）ではないか！（B-5）
　この言葉に、リアンクール公は絶句。
　嘆息（たんそく）しながら答えます。
「嗚呼（ああ）、陛下！
　お言葉ですが、これは"暴動（Révolte）"などではございませぬ！」
── ん？　暴動（Révolte）ではない？
　暴動（Révolte）でなければ、一体なんじゃ？
「陛下。これは"革命（Révolution）"にございます！」（C-4）
　この会話は、「暴動（Révolte）」と「革命（Révolution）」の区別も付かない、ルイ16世の愚鈍ぶりを表す逸話として有名です。（＊10）

陛下！
一大事にございます！
カクカクシカジカ…

「ん？　暴動（Révolte）か？」

「陛下、革命（Révolution）
　にございます！」

（＊10）この逸話は、リアンクール公の息子が「父から直接聞いた話」として広まったものですから、かなり信憑性は高いと思われます。
　しかしながら、フランス語では「Révolte」と「Révolution」で音韻を踏んでおり、「史実にしては出来過ぎた話」と、その信憑性を疑う声もあります。

バスティーユの陥落に熱狂する市民(シトワイヤン)は、市政を掌握。
　パリ市長には国民議会(アサンブレ ナシオナール)議長のバイイを就任させ、国民衛兵(ガルド ナシオナール)を編制し、その総司令官にラ゠ファイエット将軍を選出します。
　ラ゠ファイエットは、「青・白・赤」の三色旗を制定(＊11)、いよいよ革命気運は盛り上がりを見せていました。
　革命の勃発に狼狽(ろうばい)した貴族(ノブレス)たちは王を見限り、16日以降、王弟アルトワ伯を筆頭に、「我さきに！」とぞくぞくと亡命しはじめます。(D-5)
　ルイ16世も右顧左眄(うこさべん)。
──なんじゃと!?
　我が弟(アルトワ)まで逃げ出したじゃと!?
　じゃ、余も亡命しようかな…
　これに対し、国王軍総司令官ブロイ公Ｖ(ヴィクトール).フランソワ元帥が制しました。
「陛下！
　たしかに、今なら亡命することも難しくはないでしょう。
　しかし、そのあとどうするおつもりです？」(D-4)

(＊11) 三色旗の色がなぜ「青・白・赤」なのか、じつのところよくわかっていません。「王室とパリ市のイメージカラー」説、「自由・平等・博愛のイメージカラー」説、「星条旗由来」説、いろいろいわれています。ちなみに「静脈・包帯・動脈」説は床屋の看板です。

ここまで見てまいりましておわかりの通り、ルイ16世は、何か言われれば「否(Non)」とは言えない性格でしたから、このときもブロイ元帥の言葉に従います。
——そうか。それもそうだな。
　では、そちの言う通りにしよう。
　じゃが、亡命しないとなると、余はこれからどうしたらよい？
　今度は、リアンクール公が答えます。
「陛下。
　今はとりあえず、やつらの要求をすべて呑(の)んでやりましょう。
　そのあとのことは、またそのときに考えましょう」
——うむ、善(よ)きに計らうがよい。
　こうして、ルイ16世は、革命側の要求をことごとく呑み（C/D-2/3）、とりあえず彼らの歓心(かんしん)を買うことにしました。
　市民(シトワイヤン)たちは歓喜にわき、国から逃げ出す貴族(ノブレス)を横目に、口々に唱えます。
——ネズミは沈む船から逃げ出すものだ！
　我々の勝利だ！

国王軍総司令官
ブロイ元帥

アルトワ伯（ルイ16世弟）
シャルル＝フィリップ

Column　　　　　ルイ16世の日記

　バスティーユ牢獄襲撃事件が起こった日（7月14日）、ルイ16世のつけていた日記に書かれていた言葉は、たったひとこと。
「Ｒｉｅｎ（リアン）（何もなし）」（C-5）
　このことで、よくルイ16世は誹謗（ひぼう）されます。
──フランス革命が勃発しているというのに、愚かにもほどがある！！
　しかし、このことを以（もっ）て、彼を誹（そし）ることは適切ではありません。
　ルイ16世がその「第一報」を受け取ったのは、すでに彼が就寝したあとの、14日の夜から翌15日未明のことといわれています。
　少なくとも14日の日記を書いた時点では事件を知らなかったのですから、「Ｒｉｅｎ（リアン）」と書いたことを責められるべきではないでしょう。
　百歩譲って知っていたとしても。
　そもそもこれは日記というほどのものでもない、「1日1行（1コメント）」、たいていは「鹿2頭」というように、狩りの成果を記しただけの"狩猟メモ"に近いものでした。
　狩りに出かけなかったか、あるいは、狩りの成果がなかったときの決まり文句が「Ｒｉｅｎ（リアン）」だっただけです。
　単なる"狩猟メモ"にバスティーユ事件のことが書かれていなかったからといって、それを責めるのは筋（すじ）違いというものでしょう。
　16日は、王弟アルトワ伯を筆頭に、貴族（ノブレス）たちがぞくぞくと亡命しはじめた日（D-5）であり、国民衛兵（ガルド ナシオナール）の承認など、国民議会（アサンブレ ナシオナール）の要求をことごとく呑（の）まされた（C/D-2/3）屈辱的な日です。
　さしものルイ16世も、この日ばかりはかなり堪（こた）えたのではないかと、その日の日記を覗（のぞ）いてみると、やっぱり、
「Ｒｉｅｎ（リアン）（何もなし）」
　ちなみに、ルイ16世がマリー＝アントワネットと結婚した日も、
「Ｒｉｅｎ（リアン）（何もなし）」
　たしかに、それらの日は狩りどころではなかったでしょうから。

第2章 革命勃発

第3幕

「大恐怖」を鎮圧せよ！
封建的特権の廃止宣言と人権宣言

ついにフランス革命は勃発した！「バスティーユ陥落」の報はたちまち全国に知れ渡り、それは「大恐怖」を招く。しかし、この事態に狼狽したのは国民議会議員の方であった。彼らはその鎮定を画策し、立てつづけに「封建的特権廃止宣言」「人権宣言」を発布。これらはそうした国民議会の御為ごかしにすぎない。

貴族の館

〈封建的特権の廃止宣言と人権宣言〉

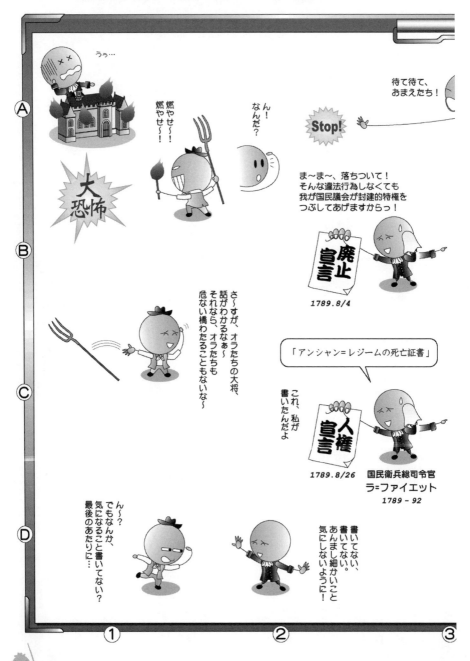

第3幕　封建的特権の廃止宣言と人権宣言

1789年8月

No.2の大地主なのだ！
私はフランス王につぐ

フランス貴族
アルマン=デジレ=デュ=プレシ=ド=リシュリュー
エギヨン公爵
1789 - 92

「農民は憲法なんぞを望んでいるわけではない、領主税が廃止されることを望んでいるのだ！」

私はラファイエット君の義兄なのだぞ！

フランス貴族
ルイ=マルク=アントワーヌ=ド
ノアイユ子爵
1789 - 92

こうなったら、多少の損失には目をつぶることで、むしろ貴族としての利権を死守するのだ！
"損して得とれ"ってね！
けけけ…！

封建的身分の無償廃止
・農奴制
・領主裁判権
・十分の一税　…など

封建的地代の有償廃止
・年貢徴収権
　その土地にかかる年貢25年分を前納一括払いした場合のみ、その土地所有者となることができる。

自分が僧侶階級だから十分の一税の廃止反対

国民議会議員
アベ=シェイエス
1789 - 91

人間および市民の権利の宣言

第1条　人は皆生まれながらにして自由にして平等である。
第2条　自由、所有権、安全、圧政への抵抗は、人間の生まれながらにして取り消し得ない自然権である。
第3条　あらゆる主権の根元は国民に存する。
第4条　公共の福利に反しない限り自由は無制限に行使できる。
第5条　法は社会に有害な行為を禁ずる権利のみを有する。
第6条　法を前にして人は皆平等である。
第7条　何人たりとも、法の手続きに従わない訴追、逮捕、拘禁を受けることはない。
第8条　すべての犯罪は、法に基づいて処罰される。
第9条　裁判において有罪が確定するまでは推定無罪とする。
第10条　何人も、その信条、信仰を侵されることはない。
第11条　思想、言論、出版の自由は、これを保障する。
第12条　人間および市民の権利を保障する政府は公共の福利のために存するのであって個人のためにあらず。
第13条　税は、全市民に平等に負担されなければならない。
第14条　税に関する諸権利は、全市民が有するものとする。
第15条　社会は行政についての報告を求める権利を有する。
第16条　三権分立を政府および立憲の根本とする。
第17条　所有権は神聖にして不可侵の権利であり、何人もこれを侵してはならない。

第1条はJJルソー、
第2～3条はJロック、
第6・16条はモンテスキューの思想のコピーだな。

でも、そんなのは方便！
俺たちのホントの目的はココ！
一番言いたいことは、一番最後に持ってくるものさ！

バスティーユ陥落！！
この報が伝わると、全国に「喜び」と「不安」の交錯した、複雑な思いが駆け巡ります。

「おい、聞いたか！？
あのバスティーユが陥落したそうだぞ！
貴族（ノブレス）どもめ、ザマァ見やがれってんだ！」

「なに呑気なこと言ってやがる！
あのプライドの塊（かたまり）のような貴族（ノブレス）たちが、俺たち庶民にこれほどの恥をかかされて、このまま黙ってると思うか？
このあと、俺たちにどんな仕返しをしてくるか…」

「な…なるほど…」

そうした不安が"根も葉もない噂（うわさ）"となって流布しはじめます。

―― 亡命していった貴族（ノブレス）が外人部隊を引きつれて復讐を狙っているそうだ！
―― オーストリア女が、議場の爆破を計画しているそうだ！
―― このところの飢饉(＊01)も、貴族（ノブレス）による穀物買い占めが原因だそうだ！

借金の証文など

(＊01) この年の春から、全国的にひどい飢饉が襲っていました。

こうした"根も葉もない噂(うわさ)"(＊02)にはすぐに尾ヒレが付き、人々の不安を煽(あお)り、恐怖を増幅させ、やがてそれは集団ヒステリー(＊03)となってフランス全土(おお)を覆います。
「やられるまえにやっちまえ！！」
「俺たちにとっての"バスティーユ(ノブレス)"は、あの貴族どもの屋敷だ！！」
「ついでに、俺たちの借金の証文も焼いちまえ！！」
　全国の農民たちが武器を取り、暴徒と化し、貴族(ノブレス)の邸宅や、役所などを襲撃しはじめます。
　これを「大恐怖(グランプール)」(A/B-1)と言いますが、これに国民議会(アサンブレ ナシオナール)が狼狽(ろうばい)します。なぜ？
　国民議会(アサンブレ ナシオナール)の支持基盤は第三身分(チエールジタ)です。
　その第三身分(チエールジタ)が立ちあがったのですから、むしろ、擁護(ようご)する立場では？
　じつは、そうではありません。
　今回の「バスティーユ牢獄襲撃事件」とそれにつづく「大恐怖(グランプール)」は、ついに民衆自らが武器を取って、直接「旧体制(アンシャン レジーム)」と戦いはじめた、ということを意味します。(＊04)

事態は
悪化の一途だ…

う〜む…
ムチを以て臨むべきか…
はたまたアメを与えて
懐柔すべきか…

おろおろ…

が〜っ！
一刻も早く
なんとか
せねば！

(＊02) このときの噂の内容を「貴族の陰謀」と呼びます。
(＊03) 特定の異常行動や精神症状などが、集団の中で一斉に起こる現象のこと。
(＊04)「バスティーユ牢獄襲撃事件」を以て「フランス革命の勃発」と見做すのもそれ故です。

つまり。

これまでのような「民衆の代表を議会に送り込んで、極力平和的に要求を出す」というやり方に、民衆が「手ぬるい！」と感じている証拠です。

民衆たちは、国民議会(アサンブレ ナシオナール)に頼らず、これをスッ飛ばして、直接的に非合法手段に訴えはじめたのですから、彼ら国民議会(アサンブレ ナシオナール)の存在意義が揺らいでいることを意味します。

さらに。

これまで国民議会(アサンブレ ナシオナール)は、口先では「我々は第三身分(チエールジタ)の味方！」と叫び、活動してきましたが、一皮剝(む)けば、指導部のほとんどは特権身分か上層ブルジョワ出身の者で占められていました。(＊05)

そんな彼らにとって、自分たちの財産を脅かす「大恐怖(グランプール)」など、断じて赦(ゆる)せません。

したがって、国民議会(アサンブレ ナシオナール)としては、一刻も早くこれを鎮圧したい。

ならば。

彼らはすでに「国民衛兵(ガルド ナシオナール)」という軍事力を持っているのですから、その"武"を以(もっ)て、これを鎮圧すればよい？

（＊05）第一身分：H．ミラボー、A．シェイエス／第二身分：ラ＝ファイエット など。
三部会開催時の「第三身分代表」議員621名のうち、本当の意味で貧しい職人や農民からの代表議員は、たった1人でした。
フランス革命が「ブルジョワ革命」に分類される所以でもあります。

第3幕　封建的特権の廃止宣言と人権宣言

とんでもない！！
　そんなことをしたら、「裏切者！」として、国民議会（アサンブレ ナシオナール）はたちまち第三身分（チェールジタ）の支持を失ってしまいます。
　彼らが「国民議会（アサンブレ ナシオナール）」として存在し得るのは、「第三身分（チェールジタ）の支持」があればこそ。
　それを失えば、国民議会（アサンブレ ナシオナール）など、たちまち消し飛んでしまうでしょう。
「さァ、こまった、こまった…。
　あちらを立てればこちらが立たず、こちらを立てればあちらが立たず…」
　ところで。
　人が人を統制（コントロール）するとき、大きく分けて２つの方法があります。
　所謂（いわゆる）「アメとムチ」です。(＊06)
"ムチ"とは、この場合、「武力弾圧」ですが、さきにも述べました通り、これはダメです。
　となれば、好むと好まざるとに関わらず、ここは"アメ"しかありません。

待て待て、おまえたち！

私はフランス王につぐNo.2の大地主なのだ！
フランス貴族
エギヨン公爵

私はラファイエット君の義兄なのだぞ！
フランス貴族
ノアイユ子爵

「農民は憲法なんぞを望んでいるわけではない、領主税が廃止されることを望んでいるのだ！」

（＊06）ドイツ第二帝国の大宰相 オットー＝ビスマルクの政策を評価して生まれた言葉。もともとは「ビスマルク批判」の言葉として使用されたものですが、政治家だけに限らず、会社の社長でも係長でも、人の上に立つ者は例外なく、「この"アメとムチ"を如何に巧妙に使いこなすことができるか」が「優秀」「無能」の分岐点となります。

そこで、第二身分出身のノアイユ子爵[*07]（ノブレス）(A-4)が叫びます。
「諸君。彼らはべつに憲法なんぞを望んでおるわけではない！
領主税が廃止されることを望んでおるだけだ！」
これに、ただちにエギヨン公[*08](A-3/4)も同調します。
「ノアイユ殿の申す通り！
ここで、我々が自発的に封建的特権を放棄しないならば、
国民から見放されるであろう！」
2人の演説がよほどうまかったのか、議場は異様な熱狂で包まれ、「封建的特権の廃止」は、わずか6時間で可決されました。
ところが。
いざ、これを「成文化する」となったとき、目の前に突きつけられた「損失」の大きさに、多くの貴族議員（ノブレス）たちの"熱狂"は一気に醒（さ）め、たちまち難色を示したため、成立までに6日も要してしまったというブレよう。[*09]
たとえば、「十分の一税の廃止」などは、アベ＝シェイエスが強硬に反対していました。(B-5)

(＊07) 三部会の特権身分代表の議員として選出されながら、早々に国民議会に寝返った貴族。彼の妹はラ＝ファイエットに嫁しています。やがて、革命の渦に巻き込まれ、命からがらイギリスへ亡命。フランスに取り残された家族は断頭台に送られることになります。

(＊08) 国王を除けば、フランス最大の地主貴族。

シエイエス自身が第一身分であり、十分の一税（クレルジェ）をもらう立場だからです。

こうして、難産に難産の末、8月4日にようやく生まれたのが「封建的特権の廃止宣言」（B-2/3/4）です。

── 本宣言により、封建制度を全面的に破壊する！

…などという大言壮語ではじまる宣言ですが、実態はどうでしょうか。

たしかに「農奴制」「領主裁判権」「十分の一税」「封建的地代（うた）」の廃止を謳ってはいました。（B-3/4）

その点、この宣言は、一歩も二歩も前進と言ってよいでしょう。

しかし。

よくよく読めば、農民たちが一番重視した「封建的地代」は、6日間の議論によって"骨抜き"にされ、事実上の"空文"にされていました。

すなわち。

「封建的地代は廃止される。ただし。

その者が、該当する土地にかかる年貢（ねんぐ）の20～25年分を前納一括で領主に支払い、土地の所有者となった場合に限る」

(＊09) こういうところに、当時の貴族が無能ばかりだということが見て取れます。
孫子に曰く「小出し遅出しは兵法の愚」。効果のある施策のためには、「量」と「タイミング」が大切なのであって、チビチビ小出しにしたり、タイミングを逸したのでは、結局はすべてを失います。「引くときには、思いきって引く」ことが肝要ですが、このときの貴族たちには、どうしてもそれが理解できませんでした。

年貢(ねんぐ)の支払いもままならないどころか、その日食べるパンにもまともにありつけず、餓死寸前という状態の農民たちが、どうして「年貢の25年分」もの大金を前金一括ローンなしで支払うことなどできましょうか。(＊10)

これでは、「もし太陽が西から昇ったら年貢(ねんぐ)を払わなくてよいことにしてやろう」と言っているのと同じです。

国民議会(アサンブレ ナシオナール)が、どんなに「第三身分の味方(チエールジタ)」のフリをしてみたところで、彼らもまた「旧体制(アンシャン レジーム)」の中でしか生きられない、王権派と"同じ穴の狢(むじな)"であることを「宣言」したようなものでしたが、それでも、いくつかの封建的特権が廃止されたことは、農民を喜ばせました。

そして。

同月の26日には、立てつづけにもうひとつの宣言が発せられます。

それこそが、所謂(いわゆる)「人権宣言」(C/D-4)(＊11)です。

第1条 人は皆生まれながらにして自由(リベルテ)にして平等(エガリテ)である。

第2条 自由・所有権・安全・圧政への抵抗は、
人間の生まれながらにして取り消し得ない自然権である。
何人(なんぴと)もこれを侵(おか)してはならない。

第3条 あらゆる主権の根源は国民に存する。

第6条 法を前にして人は皆平等である。

第16条 三権分立を政府および立憲の根本とする。

第17条 所有権は神聖にして不可侵な権利であり、
何人(なんぴと)もこれを侵(おか)してはならない。

(＊10) 1861年、ロシアで農奴解放令が出されたときも、これと似たり寄ったりのものでした。法的に「解放」された農奴たちは、莫大な借金を背負わされて、農奴のとき以上の苛酷な生活を強いられました。(詳しくは拙著『世界史劇場 ロシア革命の激震』を参照のこと)

(＊11) 正式名称は「人間および市民の権利の宣言」。興味深いのは、彼らが「人間」と「市民」を明確に別の概念として捉えていることです。詳しくは、本幕のコラムを参照のこと。

第３幕　封建的特権の廃止宣言と人権宣言

　全17条から成る、この有名な宣言は、
- 第　１　条に、Ｊ．Ｊ．ルソー　　　の社会契約説
- 第２＆３条に、Ｊ．ロック　　　　　の抵抗権と国民主権
- 第６＆16条に、Ｓ．Ｌ．モンテスキューの法精神と三権分立

…など、当時最先端の政治思想を織り込み（Ｃ/Ｄ-5）、旧体制の根本である「身分差別」や「王権神授説」をはっきりと否定したものでした。

　そこに、この「人権宣言」が「旧体制の死亡証書」（Ｃ-2/3）と呼ばれる所以があり、我が国の日本国憲法にも多大な影響を与えています。(＊12)

　しかし。

　最後の「第17条」に彼らの一番の"核心"を付け加えることを忘れませんでした。（Ｄ-4）

　一見もっともらしい言葉で表現されていますが、噛みくだいていえば、

　──俺たちの財産を奪おうなどと思うんじゃねぇぞ！

　…ということ。

　しかし、彼らの"真意"を理解できなかった農民たちはこの宣言に満足し、大恐怖（グランブール）はたちまち沈静化していきます。

「アンシャン＝レジームの死亡証書」

国民衛兵総司令官
ラ＝ファイエット

第１条はＪＪルソー、
第２～３条はＪロック、
第６・16条はモンテスキュー
の思想のコピーだな。

(＊12) その「フランス人権宣言」は「アメリカ独立宣言」の影響を受けています。

Column　人間および市民

　所謂「人権宣言」の正式名称は「人間および市民（オム）（シトワイヤン）の権利の宣言」です。
　しかし、なぜ「人間」と「市民」を分ける必要があったのでしょう？
　我々日本人の感覚だと、市民は全員「人間」なのだから、単に「人間の権利の宣言」とだけいえばよさそうなものです。
　じつは、フランス語の「homme（オム）」「citoyen（シトワイヤン）」をそれぞれ「人間」「市民」と訳すことに問題があります。
　じつは、日本語にピッタリと当てはまる概念が存在しないため、便宜上、そうした訳を与えているだけで、本当の意味は、
- homme（オム）　＝　白人男性　　　　（有色人種・女性・奴隷を除く概念）
- citoyen（シトワイヤン）　＝　市民権を持つ男性（外国人・女性・奴隷を除く概念）

…であり、つまり「市民（シトワイヤン）」はかならずしも「人間（オム）」とは限らない概念だということがわかります。
　たとえば、有色人種は「人間（オム）」ではありませんが、「市民（シトワイヤン）」となることは可能でしたし、外国人は白人であれば「人間（オム）」ですが、「市民（シトワイヤン）」ではありません。
　このように、フランス語の「人間（オム）」は、「市民（シトワイヤン）」を包括する概念ではなく、まったく異なる概念ですから、本文でもこの２つの言葉は明確に使い分けられており、それが「人間および市民（オム）（シトワイヤン）の～」という名称となって顕（あらわ）れているのです。
　ちなみに、女性と奴隷は「人間（オム）」にも「市民（シトワイヤン）」にも、どちらの概念にも含まれません。
　当時、これに反発したＭ．Ｏ．ド＝グージュ（マリー オランプ）という女性が、"本家"と同じ17条からなる「女性および女性市民（ファム）（シトワイエンヌ）の権利の宣言」を発表しましたが、当然認められることなく、のちに革命政府によって「公序良俗に反した」との廉（かど）により、断頭台（ギロチン）送りにされています。
　こういう事実からも、人権宣言で認められていること（思想・言論の自由は第11条にあります）が女性（ファム）対象外だったということがわかります。

第2章 革命勃発

第4幕 パリジェンヌの行進
十月事件

こうして国民議会によって発布された「封建的特権廃止宣言」と「人権宣言」であったが、王権がそれを認めるはずもなく。それどころか、地方から軍を呼び寄せ、これを武力制圧しようとする動きすら見せる。不穏な空気が流れる緊迫した状況の中、突如、パリ女(ジェンヌ)たちが武器を手にヴェルサイユに行進をはじめた。

「パンがなければお菓子を食べればいいのに…」

まぁ、こわい！
下賤の者の考えていることはわかりませんわ

〈十月事件〉

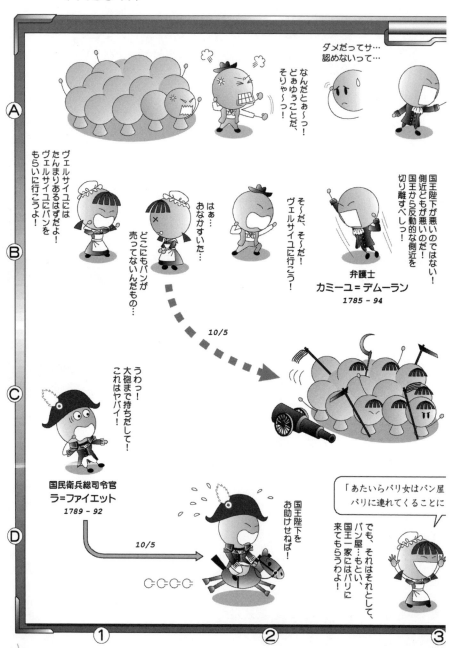

7月に勃発した「バスティーユ牢獄襲撃事件」は、歴史の動きを本格化させます。

何人(なんぴと)たりとも"一度動きはじめた歴史"を止めること能(あた)わず、止めようとする者は、かならず歴史によって葬(ほうむ)り去られます。(＊01)

前幕で見てまいりました通り、翌8月には、国民議会(アサンブレ ナシオナール)が立てつづけに「2つの宣言」を出しました。

この「2つの宣言」はいろいろ"限界"や"問題"を抱えていたとはいえ、それを理解できない民衆は無邪気に喜びます。

しかし、このままでは何の法的な拘束力もない、ただの"紙切れ"です。

これに「法的拘束力」を持たせるためには、どうしても国王陛下の認可を受けなければなりません。

そこで、翌9月、国民議会(アサンブレ ナシオナール)はこれを認可していただくべく、ヴェルサイユ宮に陳情に向かいました(A-3)が、例によって"取り巻き貴族"たちがルイ16世に耳打ちします。(A-5)

「陛下。
あのような謀反人(むほんにん)どもが勝手につくった戯言(たわごと)など、
いちいち陛下がお耳を貸す必要はございませぬぞ！」

（＊01）それはあたかも「象の大群の進撃を子猫1匹で食い止めようとする」ようなものです。
そのスピードを鈍らせることすらできぬまま、踏みつぶされておしまいです。

これに対して、さしものの温厚なルイ16世もついに堪忍袋の緒が切れ、
──たわけ！　まだそんなことを申しておるのか！
　お前たちがそんなだから、こたびの事態が引き起こされたのじゃ！
　時勢の読めぬ愚か者どもめ！！
…と一喝！……するわけもなく。
彼の口から発せられる言葉はいつも同じ。
──うむ、善きに計らうがよい。(A-4/5)
　こうして、「２つの宣言」は鰾膠もなく却下。
　それを知った市民（シトワイヤン）の間には、深い絶望感が漂います。
　しかし、それでもまだ、国民のルイ16世に対する信望は厚いものがあり、C．デムーラン(*02)は叫びます。(B-3)
「陛下が悪いのではない！！
　悪いのは、王の周りに侍（はべ）る側近どもだ！
　やつらが陛下を唆（そそのか）しているに違いない！」
　しかし、「子の心、親知らず」とでも言うべきでしょうか、ヴェルサイユ宮では、ルイ16世の名の下（もと）、反革命の準備が着々と進んでいました。

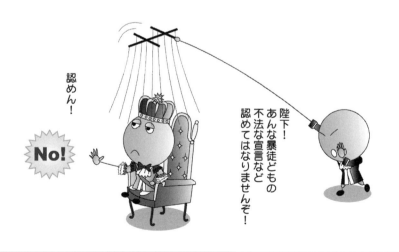

(*02) 第2章 第1幕にて、「巾民諸君！　武器を取れ！」と叫んでいた、あの男です。

軍事力を増強するため、地方から兵を呼び寄せていたのです。
　10月1日、召集された兵がヴェルサイユに到着すると、兵をねぎらうため、それから2日間にわたり連隊歓迎会が催されます。
　贅沢なものをたらふく食い、酒に酔い、気分も高揚した兵士らは、
──陛下！　王妃様！
　我々が来たからには、もうご安心あれ！
　革命分子どもなど、こうしてくれましょうぞ！！
　そう言って、「三色旗を踏みにじる」というデモンストレーションを行ってしまいます。
　酒の席での狼藉とはいえ、その報がパリに伝わると、一気に不穏な空気が町を包み、ついに10月5日の朝を迎えます。
　その日も、女性たちは、パン屋の前で大行列をつくっていました。
「ちきしょう！　もう売り切れだって!?
　毎日毎日、こうして朝早くからパン屋の前で行列つくったって、
　ちっともパンにありつけやしない！」
「あるところにはたっぷりあるんだろうにねぇ…」
「そうだよ！
　あいつらは毎日たらふく食ってるんだからね！」
「じゃあ、今からそこに行って、パンをもらってこようじゃないのさ！」

「パンよこせ！」
「国王はパリへ帰れ！」

ヴェルサイユなんかに引っ込んでるからあたいらの生活苦がわかんないのよ！

Column　フランス革命第一報！

　日本への「フランス革命」の第一報は、ルイ16世が処刑（1793年）された翌年、第11代将軍 徳川家斉(いえなり)のころ、長崎の出島に入港していたオランダ人の口づてに入りました。

「拂郎察(フランス)国の臣下の者ども、徒党 仕(つかまつ)り、
　国王ならびに王子を弑し、国内乱妨(らんぼう)におよび申し 候(そうろう)」(風説書(ふうせつがき))

　しかし、当時の日本人には「Revolution」という概念も言葉もなく、それがまるで理解できなかったため、「乱妨」「破裂」「大騒乱」と表現しています。

　明治になってようやく「どうやら"Revolution"というものは"騒乱"などではないらしい」ことがわかってきました。

　しかし、今度は、「臣が君を弑(しい)して政権交代が起こること」だからと、中国の「革命」という言葉を訳語に当ててしまいます。

　しかしながら、白人社会の「Revolution」と、中国の「革命」では、まるで概念が違い、これは完全なる誤訳です。

　中国語の「革命」というのは、「天命が革(あらた)まる」すなわち「神様のご意向が変わった」という意味であって、「民衆が蜂起し、時の権力を武力で打ち倒す」という意味とはカスリもしません。

　明治に入っても、日本人が「Revolution」をまるで理解できていなかったことがわかります。

　人は「時代の制約」から逃れることができません。

　自分の生まれ育った社会の中に存在しない概念を理解するのは至難の業であり、とくに日本人の理解能力が低かったというわけではありません。

　比較的わかりやすい「Revolution」ですらこの有様。

　ましてや「民主主義(デモクラティエ)」「自由(リベルテ)」「平等(エガリテ)」「博愛(友愛)(フラテルニテ)」に至っては、憲法に記されたことですら昭和の戦後になってから。

　その「理解」となると、21世紀の現代日本においてすら、わかっていない人の方が多い。

「そうね！ それに、なにやら男どもが言ってたわ。
　"王様と側近を切り離さなきゃダメだ"とかなんとか。
　私たちで、パン屋のオヤジ(＊03)をここに連れてきちゃいましょ！」(B-1)
　こうして、8000人近くもの女性(パリジェンヌ)たちが、途中、市役所から大砲までも持ち出し、パリからヴェルサイユまで、約16kmの道程(みちのり)を6時間もかけて(＊04)歩きつづけます。(C-3)
「あのオーストリア女の髪を摑(つか)んで、引きずり出してやるわ！」
「あばずれ女め！ この鎌(かま)で八つ裂きにしてやる！」
　途中、雨も降りはじめる中、終始王妃を罵(ののし)る言葉を口にしながら。
　その日の午後3時、ようやくヴェルサイユに着くも、案の定というべきか、国王は狩りに出ていて留守。
　肩すかしを喰(く)らい、交渉がつづけられるも、のらりくらりと躱(かわ)され、その日は雨の中、宮殿前で野宿することになります。
　ところで、この報を知らされたラ＝ファイエットは焦ります。(C/D-1)
　彼は、あくまで立憲王政派。
　── 王様に危害を加えるなんてとんでもない！
　民衆というのはたいへん興奮しやすく、バスティーユ牢獄襲撃事件でも、「命の保障はする」と約束して開城させたにも関わらず、長官ド＝ローネイを惨殺した"前科"があります。
　── 大衆どもなど、何をしでかすかわかったもんじゃない！
　彼は、深夜になってようやくヴェルサイユに駆けつけました(D-2)が、対応に追われているうちに夜が明けてしまい、日の出とともに、暴徒と化した女性(パリジェンヌ)

(＊03) ルイ16世のこと。

(＊04) 16kmの道程ならふつうに歩けば4時間ですが、8000人もの人がぞろぞろ歩き、ましてや、空腹なのに大砲を引きずりながら歩いたのですから、6時間もかかりました。
　　　　この行進中、たった8斤のパンしか手に入らなかったそうで、これを8000人に均等に分配したといいますから、配られたパンは、おそらく鼻クソ程度の大きさだったでしょう。

たちが、宮殿に乱入しはじめます。
　これはなんとか鎮(しず)めたものの、もはや一刻の猶予もありません。
　──陛下、王妃様！
　　お２人とも、バルコニーからご尊顔をお出しになり、直接、民にねぎらいの言葉をかけ、彼らの要求をお呑(の)みください！(＊05)
　　それ以外、もはや、この場を収める方法はございませぬ！(D-5)
　こうして、さきの「２つの宣言」が承認され(D-4)、パンが配られたにも関わらず、それでも女性(パリジェンヌ)たちの怒りは収まりません。
「パン屋の一家(＊06)をパリへ！！」
「パン屋の一家をパリへ！！」(C-3)
　こうして、国王一家は、強制的にパリへ連行されることになりました。
　これを「十月事件」あるいは「ヴェルサイユ行進」と言います。
　このとき、揺れる馬車の中から国王一家が見た景色が、彼らが最後に見たヴェルサイユの景色となります。

(＊05) 初めは怯え、いやがっていた王妃でしたが、女性というのは、いざ腹をくくると強い。
　　　覚悟を決めると、堂々とバルコニーに歩み出て、優雅なお辞儀をしたといいます。
　　　その高貴さに圧倒されたパリジェンヌたちから「王妃様万歳！」の声すら上がったとか。

(＊06) ルイ16世家族の蔑称。

Column パンがなければ…

　この十月事件の際、よくこんな逸話が挟（はさ）まれることがあります。
―― いったい、これは何の騒ぎですの？
「ああ、マリー＝アントワネット様！
　じつは、パリの女たちが集まってきて、
　口々に"パンをよこせ"と騒いでおります」
―― まぁ！　庶民というのは、ほんとうに理解に苦しみますわ。
　　　パンがなければ、お菓子（ブリオッシュ）を食べればよいではありませんか。(B-4)
　マリー＝アントワネットの愚かさを象徴する言葉として、人口（じんこう）に膾炙（かいしゃ）していますが、これは"濡（ぬ）れ衣（ぎぬ）"です。
　誰が言った言葉かははっきりしていませんが、ルイ14世～15世時代の貴婦人の誰かの言葉だともいわれています。
　坊主憎けりゃ袈裟（けさ）まで憎い。
　出所のはっきりしない話が、なんでもかんでもマリー＝アントワネットのせいにされたのでした。
　ちなみに、3世紀の中国。
　時の西晋王朝 第2代 恵帝は暗愚で有名（歴代屈指）。
　あまりのバカ全開っぷりに、父君 武帝は廃嫡（はいちゃく）も考えたほど。
　彼の暗愚ぶりを示す逸話は枚挙に遑（いとま）がありませんが、そのうちのひとつが、民衆が飢えていることを知らされたときの彼の言葉。
―― 民衆とは愚かなものじゃのぉ！
「陛下。何故（なにゆえ）にそう思われますか？」
―― だって、そうであろう？
　　　米がないなら、肉を食えばよいではないか！
　こちらは正史『晋書』に出典が求められるため、信憑（しんぴょう）性は高い。
　時代が違い、国が違っても、為政者が民の心を見失ったとき、国は亡びる ―― ということだけは確かなようで。
　さて、日本の政治家は、民の心を見失っていないでしょうか。

第2章　革命勃発

第5幕

怒れる僧侶たち
革命政府の諸政策

突如パリ女(ジェンヌ)たちが立ち上がり、王家は強制的にテュイルリー宮殿に連行された。これにより「革命政府」が生まれるも、このときの国民議会には政権を担当する意志も覚悟(かくご)もなく、国の借款(しゃっかん)は国家予算の10倍を超え、彼らは愕然(がくぜん)とする。そんな中、タレーランが声を上げた。
「教会財産を没収して公債アッシニアを発行すればよい！」

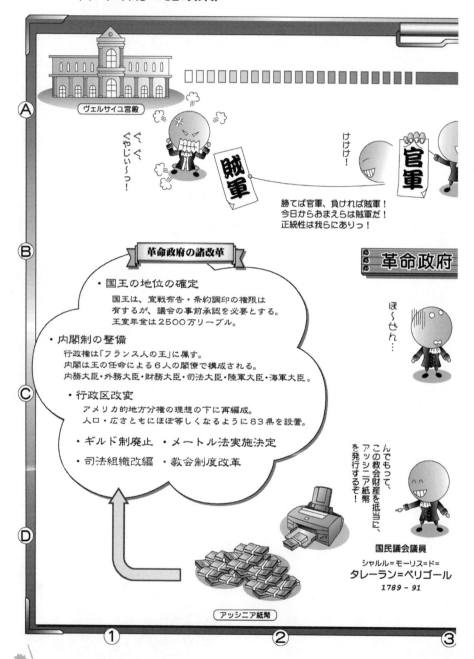

第 5 幕　革命政府の諸政策

1790 年前後

パリに強制連行されたルイ16世一家は、そのままパリのテュイルリー宮殿(＊01)(A-4)に幽閉されます。

マリー＝アントワネットはひどく嘆きましたが、当のルイ16世はそれをさして気に留める様子もなく、呑気にふるまっていたようです。(A-5)

「自由に狩りができなくなったのは残念じゃが、錠前作りはできるし…。

ま、"住めば都"と言うではないか。

ここはここで存外よいところかもしれんて…」(＊02)

しかし、ルイ16世にはまったく理解できていませんでした。

今回の事件が、どれほど"深刻な事態"を意味しているのかということを。

ただ、「王様がヴェルサイユ宮からテュイルリー宮に引っ越した」ということを意味しているのではありません。

── 臣下が君主の意志を無視して勝手に居城を変えてしまう ──

これは、後漢末、董卓が勝手に都を長安に移してしまった例を挙げるまでも

テュイルリー宮殿

そぉ？
まぁ、確かに、狩りが
自由にできなくなったのは
ツライなぁ…

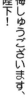
悔しゅうございます、陛下！

(＊01) 当時、ルーブル宮殿の西側に隣接していた宮殿。しかし、1871年、ナポレオン3世失脚直後に起こった「パリ＝コミューン」の反乱の最中に焼失。現在は更地となっています。

(＊02) ルイ16世の言動を観察していると、「愚者」なのか「大人物」なのか、判断に苦しむことがあります。ここでもさしたる動揺を見せず、普段通りの振る舞う姿は「大人物」を思わせますが……。詳しくは、「第4章 第6幕」のコラム「動けない王」をご参照ください。

なく、もはやその国の余命が幾許もないほど君権が蔑ろにされ、零落れていることを意味しているのです。

　つまり。

　今回の「十月事件」は、王権がそれほどまでに衰えていることを示す象徴的かつ重大な事件であって、のほほんと「住めば都」などと言っている場合ではありません。

　ところで。

　いつの時代もどこの国も、その国の君主を懐に収めた者が「官軍」として政治を代行することができます。

　君主を抱えることに失敗した者は「賊軍」となって排斥されます。

　これまで国王はヴェルサイユ宮に住まい、貴族(ノブレス)はその周辺に住まい、国民の要求は、すべて貴族(ノブレス)を通じてでしか国王の耳に届かないようになっていました。
議会「陛下に謁見奉り、我々の要求をお聞きいただきたく…」

　しかし、貴族(ノブレス)の対応は冷たい。
貴族「この無礼者めが！
　　　下賤の身の分際で、王への謁見など赦されるはずもなかろう！
　　　身の程をわきまえよ！
　　　要求があれば、我々が責任を以て、陛下に言上さしあげる」

　そこから先は、御簾の奥の出来事。

　しばらくすると、
貴族「そちらの要求、たしかに陛下に言上さしあげたぞ。
　　　じゃが、残念であったな。却下であった。
　　　しかし、陛下の御意志、謹んで受け容れるよう！」

…と言われるのがオチ。

　本当に「要求」が王の耳に伝わっているかどうか怪しいものだし、仮に伝わっていたところで、貴族(ノブレス)たちが「陛下！　こんな要求、聞いてはなりませぬぞ！」とひとこと入れ知恵すれば、「善きに計らえ」となるに決まっています。

　しかし。

　「十月事件」によって、そうした状況が一変。

　国王を"御簾"の奥から引きずり出すことに成功したのですから。

こうなれば、こちらが「官軍」、貴族どもが「賊軍」。(A/B-2)

以後、国民議会(アサンブレ ナシオナール)は、自分たちの政策を「国王の御意志である！」と発表すれば、それだけで貴族(ノブレス)たちですら「ははーっ！」。

つまり、十月事件によって、国王という強力な"後ろ盾"を得た国民議会(アサンブレ ナシオナール)は晴れて「政府」(B-3)となることができたのです。

国民議会(アサンブレ ナシオナール)はよほど狂喜乱舞したのかと思いきや。

じつは、むしろ戸惑っていました。

そもそも、十月事件は国民議会(アサンブレ ナシオナール)が主導したものではありません。

それどころか、ミラボー伯爵もアベ＝シェイエスも、こんな事態になるなんて、予想だにしていませんでした。

突如として女(マダム)どもが暴走し、国王をパリへ連れてきただけ(＊03)であって、その前の日まで、自分たちが国家運営を任されることになろうとは、夢にも思っておらず、まさに"青天の霹靂(へきれき)"だったからです。

そして、いざ政権を担当してみたら、いきなり「42億リーブル」というとんでもない額の借款(しゃっかん)が目の前に立ち塞(ふさ)がっていました。(＊04)(B-5)

(＊03) 7月14日の革命が、「男による革命で、バスティーユを奪った」とするなら、10月6日の革命は、「女による革命で、国王を奪った」と表現することができます。

(＊04) アメリカ独立戦争への介入は、結局のところ、目的の「ヌーヴェル・フランスの復活」どころか、投資した資金の回収すらままならず、フランスの借金を膨らませただけでした。

当時、歳入は４億リーブルにまで落ち込んでいましたから、なんと、国家予算の10倍以上、その利子だけで国家予算の2/3。(B-4)

Ｈ．ミラボー伯爵(オノーレ)も、

「まずは財政問題をなんとかせねば、憲法もヘッタクレもないぞ！」

…と狼狽(ろうばい)しているほどです。

とはいえ。

これはもう、まともな方法で返せる額ではありません。

そこに、Ｃ．Ｍ．タレーラン＝ペリゴール(シャルル モーリス)(＊05)が声を上げます。(D-3)

「我が国には、30億リーブルとも40億リーブルとも知れぬ、教会の土地財産があるではないか！

これを財源として、公債(アッシニア)(＊06)(D-2)を発行してはどうか！？」

つまり、「第一身分(クレルジェ)(聖職者)の土地財産をぜんぶ没収して、これを改革費用に充ててしまえ(アシナシオン)！」ということです。

雪だるま式に膨れあがる借款

（＊05）さきの三部会において第一身分で議員に選出されたことに始まり、フランス革命期 ～ 恐怖政治時代 ～ ナポレオン時代 ～ 王政復古時代 ～ 七月王政時代を生き抜いた、天才的政治家。現在でも、欧米では「すぐれた交渉術を持つ者」の代名詞となっているほど。

（＊06）アッシニアとは「支払いに充てること(assignation)」という言葉から生まれた造語。もともと「公債」であり、一時しのぎのつりでしたが、のちに「紙幣」化していきます。

教会領の資産は推定３０億っ！
コイツを没収すれば、
イッキに借金が減るぞ！

こんでもって、この教会財産を抵当に、アッシニア紙幣を発行するぞ！

アッシニア紙幣

国民議会議員
シャルル＝モーリス＝ド＝
タレーラン＝ペリゴール

　しかし、財産を奪われる立場の第一身分（クレルジェ）たちはこれに猛反発！
──いやいや、待て待て待て！
　それは、『人権宣言』第17条の「所有権の侵害」ではないか！
　断じて認めんぞ！
神に仕える僧侶が「ゼニに執着する姿」は醜（みにく）いものですが、彼らも必死。
ところが、タレーランはたたみかけます。
「所有権の侵害だって？　まさか！
そもそも教会財産というものは、信者の寄進によって成り立っている。
その寄進は僧侶（クレルジェ）に与えられたものか？
否（ノン）！　断じて否（ノン）である！
それは教会に、ひいては神に捧げられたものだ。
いわば、こうして民が困っているときに使うため、教会に一時的に預けられていただけの"公金"にすぎない。
それを僧侶（クレルジェ）が勝手に"所有権を主張"するなど、それこそ瀆神（とくしん）行為である！
困っている民をご覧になり、慈愛深き神がこれを使わせてくれぬはずがあるまい！？」
　さすが、雄弁の士タレーラン！
　彼の弁舌が冴（さ）えわたり、彼の提案は「508対346」の賛成多数で可決されましたが、僧侶（クレルジェ）たちはなおも抵抗を試みます。

第5幕 革命政府の諸政策

今度は、アベ＝シエイエス(第一身分クレルジェ出身)が要求します。
――それならせめて、僧侶たちに対して国家から俸給を支給してやるなりして、救済措置を取るべきである！(D-5)

こうして「僧侶基本法」が可決され、僧侶クレルジェたちに俸給が支払われるようになると、下級僧侶たちは生活がラクになりましたが、高級僧侶は収入が激減。

これにより、彼らは革命に失望し、まもなく「反革命分子」へと移っていくことになります。

事はそれだけに止とどまりません。

これらの法律は、露骨に「教皇権の侵害」であるため、時のローマ教皇ピウス6世を激怒させ、以後、国内は「革命政府派」と「教皇派」に真っ二つに分かれて混迷を深めていくことになります。(*07)

(*07) 以降、革命政府と教皇の対立は決定的となり、やがて革命政府がキリスト教を「棄教」、「全否定」していくおもな理由となっていきます。和解するのは、19世紀に入ってから。ナポレオン第一統領と教皇ピウス7世との間に結ばれた「宗教協約(コンコルダート)」まで待たねばなりませんでした。

いろいろ波乱含みではありましたが、こうしてやっと「財源」を手に入れた革命政府は、以後、つぎつぎに改革を打ち出していきます。(C-1-2)
　国王の地位の確定、内閣制の整備、行政区改変、経済改革、司法改革、教会改革…。
　一見、革命は穏やかに進みはじめたように見えました。
　しかし。
　ここにきて、ある重要人物が急死。
キーパーソン
　彼の死が、フランスの歴史に、そしてルイ16世一家に暗い影をもたらすことになっていきます。

革命政府の諸改革

- 国王の地位の確定
  　国王は、宣戦布告・条約調印の権限は有するが、議会の事前承認を必要とする。王室年金は2500万リーブル。

- 内閣制の整備
  　行政権は「フランス人の王」に属す。
  　内閣は王の任命による6人の閣僚で構成される。
  　内務大臣・外務大臣・財務大臣・司法大臣・陸軍大臣・海軍大臣。

- 行政区改変
  　アメリカ的地方分権の理想の下に再編成。
  　人口・広さともにほぼ等しくなるように83県を設置。

- ギルド制廃止　・メートル法実施決定
- 司法組織改編　・教会制度改革

第2章　革命勃発

第6幕

呑気な亡命
ヴァレンヌ逃亡事件

十月事件のあとも、王家が比較的事態を楽観視していられたのは、当時、革命を統制していた「ミラボー」という強力な後ろ盾がいたからこそ。
「私の目の黒いうちは陛下に指一本触れさせません！」
しかし、そのミラボーが急死！宮廷に激震が走る。国王一家は、ついに亡命を決意する。

そうしよか！

私の兄上にかくまってもらいましょ！

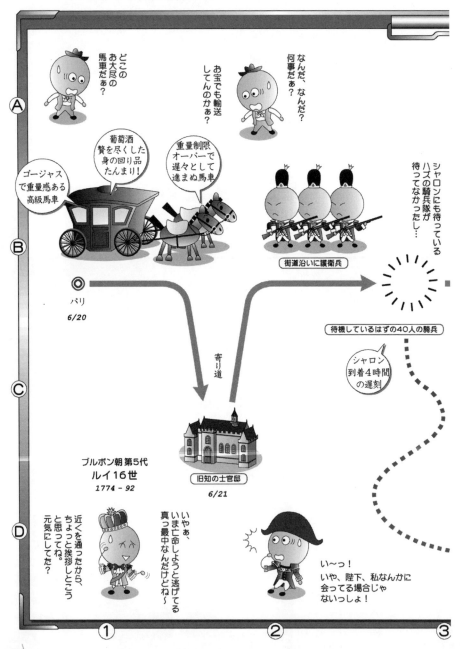

第6幕　ヴァレンヌ逃亡事件

1791年4〜6月

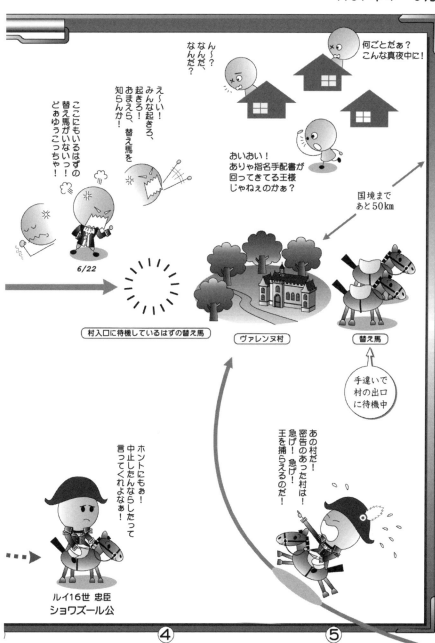

十月事件は、フランス革命史において、大きな転換点(ターニングポイント)でした。
前幕では、十月事件によって「革命政府」が生まれ、革命が本格化していった様子を解説いたしました。

しかし。

同時に、こうした急進化する動きに警戒心を持つ反動勢力も現れます。

国民議会(アサンブレ ナシオナール)議員の中にすら。

「革命が我々の意志を乗り越えて暴走しはじめている」

十月事件は、彼らにそう感じさせました。

そのため、これを機に、Ｊ．Ｊ．ムーニエ(ジャン ジョゼフ)(＊01)やＴ．Ｊ．ラリートランダル侯(トロフィーム ジェラール)(＊02)をはじめ、150名ほどの国民議会(アサンブレ ナシオナール)議員がわらわらと亡命しはじめ、以降、彼らは外国から革命を潰すべく策動しはじめます。

当時、指導的立場であったＨ．ミラボー伯(オノーレ)やラ＝ファイエット侯も、革命の急進化に眉をひそめつつ(＊03)も、「なんとしても内からこの革命を制御(コントロール)するのだ！」と、亡命を思い止(とど)まります。

こうした「日に日に急進化する革命」を横目に、幽閉中の身である王家の気持ちたるや如何(いか)なるものであったでしょうか。

通常なら気が気ではないはずです。

今日にも明日にも、そのドアが開いて、

「明日、あなたがたを断頭台(ギロチン)へ送ることになりましたので…」

…と通告してくるか、知れたものではありません。

ところが。

意外や意外、国王一家は平静でした。

（＊01）「球戯場の誓い」のきっかけをつくった人物。「第１章 第６幕」を参照のこと。

（＊02）革命当初は革命側につくも、すでに８月４日（封建的特権の廃止宣言）の時点で、「皆まともな精神状態ではない」と、革命の行き過ぎを懸念しはじめていました。

（＊03）ミラボーはただちに王家に接近し、王に亡命を勧め、
　　　　ラ＝ファイエットは「十月事件が私を王党派にした」と言っています。

第6幕　ヴァレンヌ逃亡事件

　なんとなれば、ミラボー伯という強い味方がいたからです。
　彼は、貴族(ノブレッス)でありながら、第三身分議員(チエールジタ・エタジェネロー)として三部会に出席し、革命への先鞭(せんべん)をつけた人物でしたが、十月事件以降、頻繁(ひんぱん)にテュイルリー宮へと出向き、王と密通していました。

「陛下！
　あやつらのことでしたら、ご案じ召されますな。
　革命分子どもは、口じゃえらそうなこと言ってますが、
　なァに、私がいなけりゃ何にもできない烏合(うごう)の衆(しゅう)です。
　私の目の黒いうちは、陛下には指一本触れさせませぬ！」
　これを聞いて、ルイ16世はご満悦。
── うむ、そちの言葉を聞いて安堵(あんど)した。
　　善(よ)きに計(はか)らうがよい。
「ははっ！
　つきましては、将来見事、国王親政が復古した暁(あかつき)には、
　私めを陛下の側近に加えていただきますよう！」
── うむ、そのことなら按(あん)ずるに及ばぬ。
　こうした言動により、ミラボーは「革命の裏切者」とよく言われます。

国民議会議員
ミラボー

陛下！
私の目の黒いうちは
陛下の安泰をお守り
いたしますのでご安心を！

ブルボン朝 第5代
ルイ16世

うむ！
頼んだぞ！

王妃
マリー＝アントワネット

なんて醜い男！
でも、利用価値は
あるわ！

第1章　革命前夜
第2章　革命勃発
第3章　フィヤン政府
第4章　ジロンド政府
第5章　ジャコバン独裁

しかしながら、彼の信念(ポリシー)がブレたことはありません。
「革命」という視点から見るから、彼がブレているように見えるだけで、「立身出世」という観点から見れば、彼の行動は一貫しています。
　そもそも革命側についたのも、下級貴族にすぎなかったミラボーが、この動乱の中でうまく立ち回って出世の道を模索しただけのこと。
　本心から「第三身分(チェールジタ)のため」に動いたわけでも、「王権を倒そう！」と思ったわけでもありません。
　しかし。
　彼は、王の側近となる夢を叶えることはできませんでした。
　やっと国民議会(アサンブレ ナシオナール)の議長の地位まで昇りつめて３ヶ月と経(み)たぬ、1791年４月２日、ミラボーは42歳の若さで急逝してしまったからです。(＊04)
　この報で、フランス全土に激震が走ります。
「我らが希望の星、ミラボー伯が亡(な)くなられたそうだ！」
「ミラボー伯なくして、これから革命はどうなってしまうのだ！？」
　フランス史上、空前の規模の国葬(＊05)が挙行され、人々は（彼の政敵です

（＊04）死因はよくわかっていませんが、心膜炎とも虫垂炎とも。
　　　当時は毒殺説もあったため、その真偽を確かめるため、遺体が解剖されたほどです。
　　　「ミラボーの最期」については、次ページのコラムを参照のこと。

（＊05）参列者は30万とも40万とも。これを上回るには、1840年のナポレオン１世の国葬まで
　　　待たなければなりませんでした。

Column ミラボーの最期

　国王に取り入り、立身出世を願ったH．ミラボー伯爵。
　その志半ばで急死してしまいましたが、もしここで病死していなかったとしても、彼の人生には暗雲が垂れこめたことでしょう。
　おそらく暴走する革命の渦の中、恐怖政治によって断頭台送りにされていたでしょうし、よしんば革命を統制できたとしても、「王の側近」となる夢はやはり叶わなかったでしょう。
　彼は王家（とくに王妃）から忌み嫌われていたからです。
　マリー＝アントワネットは、こう吐き棄てています。
「妾は、あの男の顔を見るだけでムシズが走りますわ！」
　ミラボーが謁見に現れるたび、彼女はかならず扇子で自分の顔を覆い、彼から目を背けたほど。
「でも、あの男、今は利用価値がある。今は我慢せねば…」
　王妃からこれほど嫌われていたのでは、"側近の座"など口約束に終わったことでしょう。
　ところで。
　ミラボーは死ぬ直前、ロベスピエールを呼びつけたといいます。
「ロベスピエールよ。
　人というものは清もあり濁もあり、欲もあり恥もあり、
　それを一緒クタに抱えながら生きておるものなのだ。
　でも、だからこそ他人に寛容になれる」
――いや、しかし！　ミラボー殿！
　抗弁しようとするロベスピエールを遮ってつづけます。
「お前は純粋だ。だからそれを他人にも求めようとする。
　だが、人間はお前が思っているよりずっと弱く、そして醜いのだ。
　それを悟らず、まちがっても独裁などに走るでないぞ？」
　このときすでに、ロベスピエールがのちに独裁に走るであろうことを予見していたかのような、ミラボー最期の言葉でした。

ら）彼の死を嘆き、哀しみ、大の男が大粒の涙を流し、大声を出して泣きじゃくったといわれます。

　議会は、聖ジュヌヴィエーヴ教会（＊06）を「聖人を祀るための霊廟」とすることを決定し、その"聖人第一号"として彼ミラボーが祀られることになりました。（＊07）

　しかし、激震が走ったのは、テュイルリーも同様でした。
「ミラボーがいなくなったとなれば、
　私たちは明日にもどうなるか、知れたものではありませんわ！
　すぐに私の兄上（＊08）の下へ逃げましょう！」
　ミラボーという「抑止力」を失い、ヒステリックに叫ぶマリー＝アントワネットと、これに同調する貴族たち。
　こうなれば、ルイ16世の対応はいつも同じ。
──うむ、善きに計らうがよい。
　こうして、「国王亡命計画」が発動されました。

（＊06）現在のパンテオン（万神殿）です。
　　　形はアンヴァリッドに似ており、フーコーの振り子実験が行われた場所としても有名です。
（＊07）ただし、彼の遺体は、のちにパンテオンから放り出されることになりますが。詳しくは、「第4章第6幕」のコラムを参照のこと。
（＊08）マリー＝アントワネットの実兄は、当時、オーストリア皇帝（正確には大公）でした。

しかし、これはたいへん危険な賭(かけ)です。

逃亡経路の各地に配置されたひとつひとつの計画のどれひとつが失敗しても、計画全体が破綻(はたん)する、とても危ういもの。

しかも、ひとたび失敗すれば、王の威信は地に堕(お)ち、王の命すら危うくなるにも関わらず、その計画たるや、ズサン・不用心・軽率なことこの上なく、そのうえ計画に加担する人たちがことごとく無能ぞろい。

実行する前から失敗は目に見えていました。

以下、ヴァレンヌ逃亡事件の経過を追っていきましょう。(＊09)

■ 準備 ■

隠密裏(おんみつり)に行動するため、目立たせないため、スピードアップのため、用意する馬車は質素かつ軽装でなければなりません。

ところが。

「王家ともあろう者がそのような粗末な馬車に乗るわけにはまいりませんわ！」

…とヘンなところで見栄を張るマリー＝アントワネット。

説得にも応じない彼女のわがままで、結局、豪華で重量感のある8頭立ての高級馬車が用意されます。(B-1)

その準備のため、計画の実行は日延べ、日延べ。

1日遅れれば、それだけ成功率が落ちていくというのに。

さらに、「道中、快適な旅ができるように」と、馬車には銀食器・高級葡萄酒(ワイン)・衣裳・調理器具など、贅(ぜい)を尽くした身の回り品を満載。(A/B-1)

これにより、馬車は重量オーバーで大幅にスピードダウン。

万一、追手(おって)をかけられたら最後、すぐに追いつかれてしまう危険を背負い込むことになります。

(＊09) ヴァレンヌ逃亡事件の経過については諸説紛々としておりますので、ここで紹介する話はあくまでそのうちの一説とお考えください。

■ 6月20日深夜 〜 21日未明 ■

　そして、ついに決行日6月20日はやってきました。(＊10)
　しかし、出立の前から諸所のトラブルがつぎつぎと発生し、モタモタしているうちに日付も変わり、21日未明になってしまいます。
　とはいえ、「従僕」に変装したルイ16世、「貴婦人」に変装したマリー＝アントワネットは、なんとか宮殿を脱出し、馬車に乗り込むところまで来ました。
　しかし。
　どこの世界に王侯しか乗り込まないような高級馬車に、貴婦人と向かい合わせで座る「従僕」などいましょうか！
　「この馬車には、現在逃亡中の国王一家が乗ってま〜す！！」
　…と広報しながら走るようなものです。
　そのうえ、パリ脱出までの駆者役を仰せつかったＨ．Ａ．フェルセン侯は、パリ市内で道に迷うという大失態を演じ、貴重な時間をさらに2時間も失ってしまうことになります。(＊11)

ブルボン朝 第5代
ルイ16世

いやぁ、いま亡命しようと逃げてる真っ最中なんだけどね〜

い〜っ！
いや、陛下、私なんかに会ってる場合じゃないっしょ！

旧知の士官邸

(＊10) 奇しくもこの日は、ちょうど2年前「球戯場の誓い」が行われた日でした。
(＊11) フェルセン侯は、王妃マリー＝アントワネットの愛人といわれる人です。
　いきなり彼が道に迷ったのは、「彼がスウェーデン人でパリの町に不案内だったため」とよく弁護されますが、「だったらなおのこと、逃走経路くらい下調べしておけよ！」とツッコみたくなるところです。

■6月21日午前■
　無事（？）パリを脱出することに成功した一行でしたが、夜明けとともに国王一家がもぬけの殻となっていることが発見され、大騒動となり、大砲が打ち鳴らされます。
　その砲声は、逃亡中の国王一家にも聞こえたといいますから、モタモタしているうちに、まだパリから幾許も離れていないところで、早くも表沙汰になってしまったわけです。
──嗚呼、もはやこれまでか！
　気の早いルイ16世は、さっそく遺書を認めはじめましたが、意外や意外、追手が来る気配はありません。
　すると今度は、一気に緊張がほぐれ、ピクニックにでも来ているような、ほんわかした雰囲気が一行を包みます。
　まだ危機は去っていないのに！！
　一行は、パリからまだ42kmしか離れていないモーという町で馬車を止め、ゆったりと豪華な朝食を取ります。

■6月21日午後■
　やがて、その町を出ると、すっかり緊張感が緩んだルイ16世は言います。
──このあたりはよい景色じゃのぉ！
　　ここはのんびり歩いていきたいものじゃ。
　そこで、子供たちと馬車を降り、なんと、ピクニック気分で歩くことに。
　ここでも大幅な時間のロス。
　またしばらくいくと、
──そうじゃ、この近くに余の旧知の士官邸があったはずじゃ。
　　いったん亡命してしまえば、当分会うことも叶わぬじゃろう。
　　よし、ちょっと挨拶でもしていくか。（D-1/2）
　これにより、またしても大幅な時間ロス。
　数々の失態により予定が大幅に遅れ、まさに一刻を争っているのに、事の重大性をまったく理解できていないルイ16世。
　マリー＝アントワネットも、これをたしなめるどころか、

「ここまで来れば安心ね！　万事うまくいってるわ！」と喜ぶ始末。

……おめでたいというべきか、似たもの夫婦というべきか。

さて。

一行は、この日の午後2時までに、ソルヴェール橋（シャロンという町の東方12km）で40騎の騎兵隊率いるショワズール公と合流する予定でした。

ショワズール騎兵隊と合流できれば、ひと安心。

彼らの護衛の下で、つぎのサントムヌーまで、安全かつ一気に駆け抜けることができたでしょう。

しかし、国王一行がシャロンに着いたのは、午後4時。

すでに大幅な遅刻です。

一刻も早く、ソルヴェール橋に向かわねば！

ところが。

すでに完全に緊張感が解(ほぐ)れていた一行は、またしてもシャロンにて優雅な食事をとり、豪華な馬車と荷物を町(シャロン)の人々にさんざん見せびらかし、時間をツブします。(＊12)

これにより、貴重な時間を失ったうえ、「王がシャロンを通過した痕跡(こんせき)」を存分に残すことになりました。

そのころ。

ソルヴェール橋で待機していたショワズール公は、待てど暮らせど国王一行がやってこないため、「計画は中止されたにちがいない」と判断、午後6時、軍を解散してしまいます。(D-3/4)

そして、まさにこれと入れ違いに、国王一行がソルヴェール橋に到着。

(＊12) このあまりの危機感のなさについて、「じつは今回の最終目的地はあくまでモンメディ（フランス領）であって、そもそも国王に亡命する気などなかったからだ」とする説もあります。しかし、当のルイ16世は、テュイルリー宮脱出の直後、「明日の夜には、我々はオルヴァル僧院（オーストリア領）で寝ることになるのだ」と発言していますから、この説は、後世の恣意的な妄説の類でしょう。

4時間もの大遅刻でした。

シャロンでのんびりと夕食など取らずに、ソルヴェール橋に直行していれば、間に合っただろうに！！

ショワズール騎兵隊の不在に狼狽した一行でしたが、気を取りなおして、このまま次のサントムヌーへ向かうことにします。

そこで、今度はダンドワン大尉率いる竜騎兵隊と合流できるはずでした。

しかし。

そこでも、大遅刻により、竜騎兵はとっくに解散。

騎兵隊たちはすでにベロンベロンに酔っぱらっており、使い物になりません。

しかし、国王の馬車に気づいたダンドワン大尉は、すぐさま帽子を取って馬車に近づき、豪華な馬車の中に座る「従僕」に恭しく最敬礼。

なんたる異様な光景！

これを見ていた宿駅長ドルーエは、馬車からチラリと顔を覗かせた、その「従僕」の顔にハッとします。

さもありなん！

その顔は紙幣に描かれた「ルイ16世像」と同じだったのですから！

「なぜ、こんな片田舎の村に国王が！？」

ドルーエは、とにかく国王一行を追いかけることにしました。

ホントにもぉ！中止したんならしたって言ってくれよなぁ！

ルイ16世 忠臣
ショワズール公

■6月21日夜■

　一行は、ヴァレンヌ村（B-5）までたどりつきます。
　ここまで来れば、国境まであとわずか50km。
　すでに馬は疲労困憊、これ以上進むことは困難でしたが、だいじょうぶ。
　ここヴァレンヌ村で替え馬が用意されている手筈になっていました。
　ところが、その替え馬がいない！
　じつは、村の"入口"に用意されているはずの替え馬が、手違いで村の"出口"に用意されていたのです。
　小さな村ですから、ほんの少し探せば、すぐに替え馬は見つかったはず。
　ところが、あるべきところに替え馬を見つけることができなかった彼らは、寝静まった村人を叩き起こし、「馬を知らぬか！？」「馬を知らぬか！？」と尋ねて廻るという、愚挙をやらかします。
　隠密裏に行動しなければならないのに！！
　村人がぞろぞろと出てきて、田舎の村に不釣り合いな、この豪華絢爛な馬車に群がり、騒動となります。
　そうこうしているうちに、ドルーエが追いつき、叫びます。
「国民の名において、止まれ！
　駅者よ！　お前が乗せているのは国王だ！」

──万事休す。

第3章　フィヤン政府

第1幕

革命の舞台裏
政治クラブの母体と変遷

革命勃発当初こそ、革命派は一致団結して「ジャコバンクラブ」として結束していたが、まもなく内部分裂を起こす。上流階級の代弁としてフィヤン派、中産階級の代弁としてジロンド派、下層階級の代弁としてモンターニュ派。それぞれが、カフェ・サロン・クラブを基盤として策謀を巡らせる。

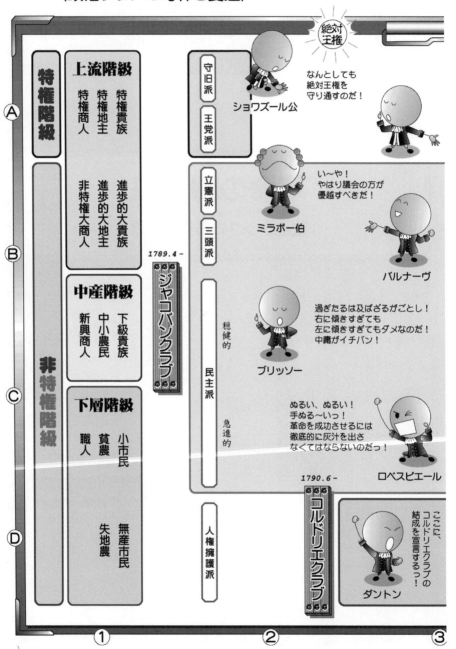

第1幕　政治クラブの母体と変遷

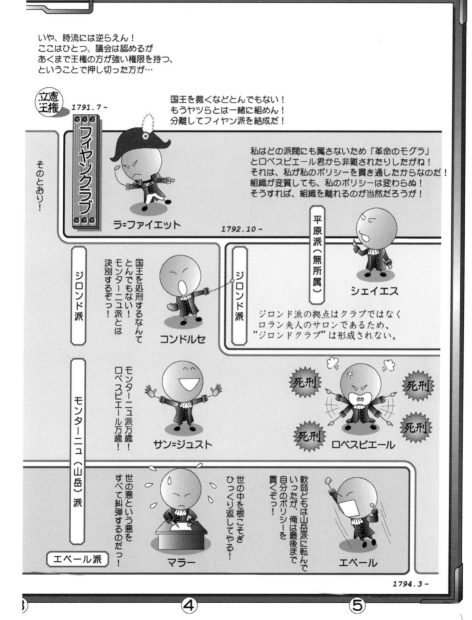

前幕の「ヴァレンヌ逃亡事件」は、フランス革命を語る上で、たいへん大きな転換点(ターニングポイント)となります。

そこで、歴史の"表舞台"の話をいったん止めて、ここですこし"舞台裏"のお話をしておかなければなりません。

じつはここまで、革命勢力の人々をひっくるめて、「革命側」とごまかして表現してきましたが、彼らは、利害・立場・政見の異なる「政治結社」や「派閥」を構成しており、かならずしも「一枚岩」というわけではありませんでした。

それをミソもクソも一緒にして「革命側」と一体感のあるように表現するのは、少々乱暴な表現ではあったのです。

それでも、「ヴァレンヌ逃亡事件」までは、彼らは比較的協調して動いていたため、大きな問題はありませんでしたが、事件以降、彼らの内部対立が表面化し、派閥同士が分裂と統合を繰り返すようになりますと、その内部事情まで理解していないと、フランス革命そのものも理解できなくなってしまうため、ここからは「革命側」という言葉でゴマかすわけにはいきません。

そこで、本幕ではその基礎知識について解説していきたいと思います。

まず、本幕パネル第1列をご覧ください。

上から、上流階級・中産階級・下層階級と並んでいますが、これが各「政治結社」や「派閥」の支持基盤を表しています。

■ 議会 右派（守旧派・王党派）■（A-2）

　上流階級の中でもとくに「特権階級（A-1）」がおもな支持基盤。(＊01)

　特権階級は、王権から「特権」をもらって私腹を肥やしつづけてきた者たちですから、旧来の「旧体制（アンシャンレジーム）」を未来永劫（えいごう）つづけたいというのが本音。

　その"本音"をそっくりそのまま夢見、絶対王制を完全な形で護持（ごじ）奉（たてまつ）らんとするのが「守旧派」。

　旧体制（アンシャンレジーム）が永続できるならそれに越したことはなかろうが、"現実"を見据（す）え、それが不可能となった今、立憲制の中から王権の保護を模索しようとしたのが「王党派」です。

■ 議会 中道（立憲派・三頭派）■（B-2）

　その他の上流階級（B-1）も、王権を倒そうなどとはゆめゆめ思いませんが、王権との癒着（ゆちゃく）が少ない分、より王権を制限した立憲制を考えます。

　王党派と違う点は、王権と議会のどちらに優越権を与えるのかという点。

　王党派は「王権優位」、立憲派と三頭派は「議会優位」。

　立憲派と三頭派では、より議会優位の度合いが強いのが三頭派だというだけで、意見の相違はわずかであるため、まもなく合流します。

（＊01）もちろん「ピッタリ一致」するわけではありません。あくまで「傾向」です。

■ 議会 左派（民主派）■（C-2）

　革命当初、議会の中では少数派でしたが、中産階級から下層階級まで、庶民からもっとも幅広く支持されていたのが「民主派」です。
　しかしながら、「民衆の幅広い支持基盤を持つ」ということは、その主義主張も幅広いということを意味します。
　また、民衆というものは、"その場かぎりの感情ですぐに激昂し、グラグラと揺れ動く"ものです。
　そうした民衆の顔色を窺わなければならないのですから、政治情勢により主張に大きな「ブレ」を見せます。
　ヴァレンヌ逃亡事件までは、人民主権を主張しつつも、彼らもまた立憲王政派であり、「共和政」の言葉を聞いただけで激怒するほどでした。(＊02)
　ところが、この事件を境に、民心の怒りが王に向いているのを見るや、民主派の中から、「王政打倒！」「共和政樹立！」を唱える共和派へ迎合する者が続出。
　そのため、民主派は「穏健派」と「急進派」の分裂が決定的となり、前者がのちの「ジロンド派」（B/C-3/4）、後者がのちの「山岳派」（C/D-3/4）となっていきました。

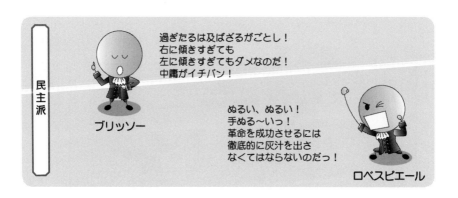

民主派

ブリッソー
過ぎたるは及ばざるがごとし！
右に傾きすぎても
左に傾きすぎてもダメなのだ！
中庸がイチバン！

ぬるい、ぬるい！
手ぬる〜いっ！
革命を成功させるには
徹底的に灰汁を出さ
なくてはならないのだっ！
ロベスピエール

（＊02）たとえば、あのロベスピエールも、ヴァレンヌ逃亡事件直後の7月13日の時点においてすら、「私は共和派ではない」と明言しています。

■ 政治クラブ ■

　ところで、こうした「派閥」とは別に「政治クラブ」なるものがありました。

　これは、政治活動に特化した組織で、入会するためには既成会員の承認が必要で、なおかつ年会費(*03)を支払わなければならなかったため、誰でも入会できるというものではありません。

　もともとは、1789年4月、三部会(エタジェネロー)が開催されることが決まったとき、その対応のために議員たちが集まって生まれたものです。

　最初は、ブルターニュ地方の議員たちによって結成されたものであったため、「ブルトンクラブ」と呼ばれていましたが、のちに拠点をパリのジャコバン修道院に移したため、「ジャコバンクラブ」と呼ばれるように。(*04)

　このジャコバンクラブを起首として、

・1790年6月、ジャコバンに対抗する形で「コルドリエクラブ」(D-2/3)
・1791年7月、ジャコバンから分離する形で「フィヤンクラブ」(A/B-3/4)

…が生まれています。

(*03) ジャコバンクラブの会費はかなり割高の年24リーブルであったため、一定の収入のある人たちしか会員になれませんでした。コルドリエクラブは激安の年1.2リーブル。

(*04) 正式名称は「憲法友の会」です。

■ カフェ ■

　このように、政治クラブの入会には一定の資格を要したため、誰でも彼でも自由に政治論を交わせるわけではありません。

　しかし、革命期には、あちこちで政治論が盛り上がりを見せていましたので、そうした情報交換が気軽にできる「場」が必要とされました。

　そこで選ばれたのが「カフェ」です。(＊05)

　現在でいえば、「喫茶店」。

　当時、財政難に陥った(おちい)オルレアン公は、自分の宮殿(パレロワイヤル)の回廊(＊06)の１階部分を貸店舗(テナント)として開放していましたが、そこに生まれた「喫茶店(カフェ)」が、政治のみならず、文化、芸術などを議論する庶民的な場所となります。

　あくまで喫茶店(カフェ)ですから、もちろんコーヒー代は実費ですが、クラブのように、入会審査や年会費、緊張感、堅苦しさもなく、新聞・雑誌・パンフレットは無料で閲覧できたため、庶民でも気軽に政治論争に参加できる場として栄えたのです。

（カフェドフォワ）
Cafe du Foy
ジャコバン派の溜まり場
雑誌・新聞

(＊05) 数あるカフェの中でも、パレロワイヤル宮のモンパンシエ回廊57〜60番地にあった「カフェドフォア」は、ジャコバン支持者の溜まり場として有名です。あのカミーユ＝デムーランもここから飛び出してきて、「武器を取れ！」と叫んだといわれています。

(＊06) パレロワイヤル宮殿の庭園を囲むようにして、モンパンシエ回廊、ヴァロワ回廊、ボジョレー回廊の３つがあります。

■ サロン ■

　これに対し、クラブとカフェの中間的な役割を果たしたのが「サロン」です。

　サロンとは、当時の貴族の邸宅にかならず設けられていたもので、通常は、その邸宅の主(あるじ)が客人を招いて談笑する部屋(スペース)です。(＊07)

　それが革命の進展とともに、単なる"談笑"ではなく、知識人を招いて、おもに政治や社会経済、文化について論じることが流行するようになります。

　政治クラブのように政治に特化することなく、堅苦しくもなく、年会費も要らず、カフェを楽しみながら、談笑の中で政治論議を交わすことができるため、カフェにも似ています。

　しかし、サロンは、その邸宅の主人に招かれるのですから、コーヒー代を取られることはありませんし、個人宅で催(もよお)されるのですから、主人に招かれた人物しか入ることができません。

　したがって、自然と思想的に近い者が集まりやすく、秘密漏洩(ろうえい)もしにくい性質があり、そうしたところは、政治クラブのようでもあります。

(＊07) 日本でいえば、「応接間」に相当するスペースです。

サロンでもっとも有名なものが内務大臣ロラン子爵邸で行われたサロンです。

ロラン子爵の妻 J．M．M．P．ロラン(＊08)は、このサロンを通じて、「ジロンドの女王」と呼ばれる黒幕的存在となっていきました。

こうして、議会の内では、右の守旧派から左の民主派までが相争い、議会の外でも、「政治クラブ」「カフェ」「サロン」などを通じて、国民の意思が政治に影響力を持つようになっていったのです。

それでは、これらの立場・利害・支持基盤・システムなどをよく理解したところで、次幕より、ヴァレンヌ村から帰郷した国王一家の話に戻ることにいたしましょう。

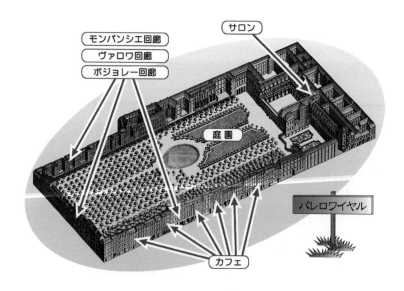

（＊08）所謂「ロラン夫人」。サロンが開かれた当時（1791年）、夫のロラン子爵は還暦に手が届こうかという歳だったのに、彼女は37歳。美貌のためにもっと若く見えました。
　年老いた夫、貴族の変わりばえのしない生活の中で、退屈を持て余していたところに、サロンでちやほやされて、これに傾倒していったロラン夫人の姿は容易に想像できます。

第3章　フィヤン政府

第2幕
エリートだけの政治クラブ
フィヤンクラブの成立

ヴァレンヌ逃亡の失敗は王権にとって致命的であった。これにより、国民の国王に対する信頼は地に堕ちる。それを反映するようにして、国王を処断するべきか否か、王権擁護派と軽視派が対立し、議会も紛糾。こうした対立の中、王権擁護派がジャコバンクラブから離脱し、フィヤンクラブが形成されていった。

「王がいなくとも太陽は昇った！」

陛下は何者かに誘拐されたのです！

第 2 幕 フィヤンクラブの成立

1789 年 6 〜 7 月

ヴァレンヌ逃亡事件は、モノの見事に失敗しました。(＊01)
　嗚呼！
　フェルセン伯がパリの街中でいきなり迷子にさえならなければ！
　道中、呑気に食事など取らなければ！
　旧知の士官邸に寄ったり、物見遊山で散歩なんかしていなかったら！
　手筈通り、ちゃんと替え馬が村（ヴァレンヌ）の入口に用意されていたら！
　せめて替え馬を用意した兵が、村（ヴァレンヌ）の入口まで迎えにきてくれていたら！
　しかし。
「陛下！
　これは"暴動（Révolte）"などではございませぬぞ！
　"革命（Révolution）"にございます！！」
　ルイ16世が、"あの日"のリアンクール公の言葉の意味をどうしても理解できなかったことが、今回の失敗の"ほんとうの原因"かもしれません。
――下々の者は、「革命（レヴォリュシオン）」「革命（レヴォリュシオン）」と騒いでおるが、
　　あんなものは、あくまで一時的・局地的な「騒擾」であろう。
　そうした無理解からくる危機感のなさ。
　それこそが、今回の失敗のすべての理由だったように感じられます。
　ところで。
　ヴァレンヌ村で捕り押さえられた国王一行を、パリまで随行する任を負ったのが、Ａ．Ｐ．Ｊ．Ｍ．バルナーヴ（アントワーヌ　ピエール　ジョゼフ　マリ）。(B-3/4)
　このときまで、貴族を憎む、「三頭派」の人物でしたが、国王一行に随行したことで、彼の人生は大きく変わっていくことになります。

(＊01)「ヴァレンヌ逃亡事件」について、「そもそも無謀な計画で成功の見込みはまったくなかった」と書いてある書物が散見されますが、それは「結果論」だと筆者は思います。
　「危うい計画であった」というのは認めますが、あれだけ手違い、不手際、軽率、愚挙、大ポカを繰り返しながら、国境まぎわの村まで行ったのです。せめてもう少し国王と王妃に"危機感"があれば、それだけでも成功していた可能性は高かったと筆者は考えます。

数日間、マリー＝アントワネットと一緒にいるうちに、見事に彼女に籠絡され(＊02)、以後、ミラボーに代わる"宮廷の手先"と変貌してしまったのです。
　パリに帰還してきた国王一家（A-3）を巡り、議会は紛糾します。
　この"国民を棄てて逃げ出した国王"をどう処置すべきか。
　前例のない事態に動揺する革命政府。
　国王の"お目付役"だったラ＝ファイエット侯（B-4）は、監督責任が問われるどころか、「共犯」と疑われるのではないかと懼れ、叫びます。
――陛下は「亡命」しようとしたのではない！
　何者かによって「拉致」されたのだ！
　拉致？
　ちょっと何言ってるかわからないんですけど？
　言うに事欠いて「拉致」？
　これには、王権を擁護したい立場のバルナーヴですらあんぐり……かと思いきや。
　彼はすぐさまこの「拉致説」に乗っかります。
――ラ＝ファイエット殿の申す通り！！（B-4）

すんません…
ブルボン朝 第5代
ルイ16世

このボンクラ
のせいで…
王妃
マリー＝アントワネット

（＊02）そもそも、今回の「亡命計画」は、ミラボーが死んだために起こったものです。
　　亡命失敗後、マリー＝アントワネットは、"ミラボーの後釜"を探していました。
　　そこに「28歳の精悍な若者（バルナーヴ）」が現れたのですから、パリへ戻るまでの数日間、彼女が"女の武器"をフル活用して、彼の籠絡に努力したのは容易に想像できます。
　　あたかも、カエサル・アントニウスらを"女の武器"で籠絡したクレオパトラのように。

これに対し、王権軽視派（A/B-2）は叫びます。
「王がいなくとも太陽は昇った！」(B-2/3)（＊03）
「国王に罪があるのは明白だが、国王を懲役にする法などない。
　国王の責任の取り方は退位のみ！　退位させるべし！」(B-1)
「否(Non)！　国王とて罪を犯せば、裁判を受けなければならない！」(B-2)
　新聞も、「擁護派」「軽視派」、入り乱れます。
＜６月25日付　擁護派新聞＞
　　もし、ルイ16世を退位させたならば、外国の介入を招くは必定(ひつじょう)。
　　よしんば、ルイ16世にフランス国民への裏切行為があったとしても、
　　彼をそっとしておこうではないか。
　　彼ルイ16世のためにではなく、我々自身のために！(A-5)
＜７月１日付　軽視派新聞＞
　　もし、逃亡が自発的だとするなら、詐欺師(ペテン)。
　　もし、他者に唆(そその)されてのことなら、マヌケ。
　　いずれにせよ、国王として失格である。

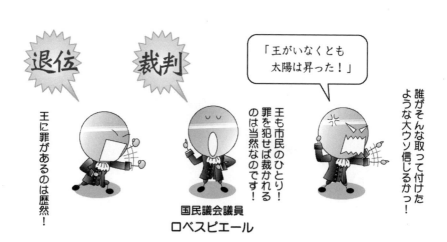

（＊03）当時、「フランス国王がいなくなれば、次の日から太陽が昇らなくなる」という迷信が民間
　　　の中では本気で信じられていました。

- このまま「王政」を維持するべきか、
- ルイ16世を廃位し、「共和政」への新たな一歩を踏み出すべきか。

　バルナーヴは叫ぶ。
　── 我々は、革命を終わらせようとしているのか、
　　それとも、また一から再開しようとしているのか！？
　　王政廃止を叫ぶ者たちよ！
　　諸君らは、王政廃止のあとに何がやって来るのか、わかっているのか！？
　　それは「所有権の剝奪」である！
　議員のほとんどは有産者階級です。
　バルナーヴのこの演説の前に、我に返った議員たちが一斉に「王権擁護派」を支持、今回はなんとか王政が維持されることになりました。(＊04)
　しかし、王権擁護派の議員たちは考えます。
　── 今回はなんとか凌いだ。
　　だが、「国王を裁判にかけよ」だの「退位させよ」だの、あのような謀反人どもと、これ以上、一緒の政治クラブにいることなど耐えられぬ！

（＊04）とはいえ、このことは、すでに国民の中に「共和政」も選択肢のひとつとして考えられはじめたことを意味し、のちの「共和国成立」の歩みはここから始まった、とも言えます。

こうして、翌1791年7月16日、立憲派・三頭派の議員たちは、手に手を取って「フィヤンクラブ」を結成、ごっそり「ジャコバンクラブ」から出ていきます。(D-5)
―― 我々、王に忠誠を誓うエリートだけの政治クラブの創設を
　　ここに高らかに宣言するものである！！
　あたかも「沈みゆく船から逃げ出すネズミ」のごとく、ジャコバンクラブの議員たちはわらわらとフィヤンクラブに移り、頑としてジャコバンクラブに残留した者、わずかに50〜60名。

　これに対し、同日、王政存続決議に納得がいかないコルドリエクラブは、「共和政嘆願署名運動」を実施することを決議(D-1)、ほとんどカラッポになったジャコバンクラブもこれに同調します。
　生まれたばかりのフィヤンが、これを黙って見過ごすものか！
　ふたたび歴史が大きく動きはじめます。

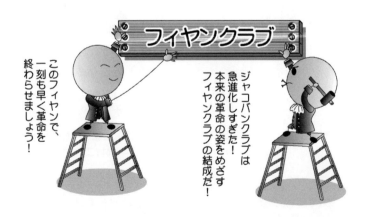

第3章　フィヤン政府

第3幕

署名運動に現れた軍隊
シャン゠ド゠マルス広場虐殺事件

フィヤンクラブが生まれたその翌日、コルドリエクラブとジャコバンクラブが「国王処断」を求める署名活動をシャン゠ド゠マルス広場ではじめた。それはきわめて小規模で平和的なものであったが、これに過剰反応を示したフィヤンは、国民衛兵を派兵。たちまち軍と市民が衝突し、虐殺事件へと発展してしまう。

相手は暴徒だ！
国民ではないっ！
撃てっ！

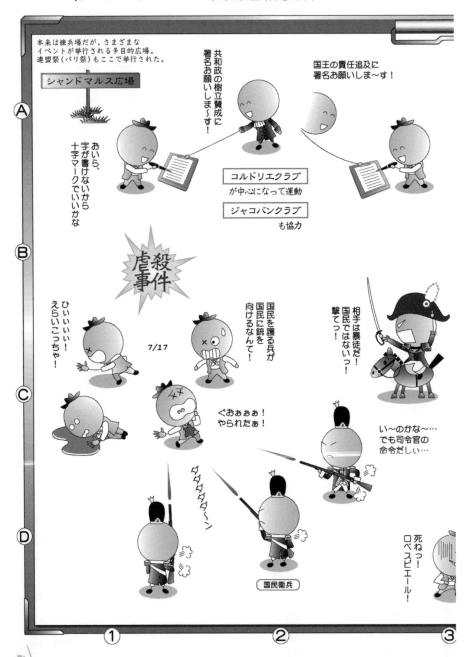

第3幕　シャン＝ド＝マルス広場虐殺事件

1791年7月

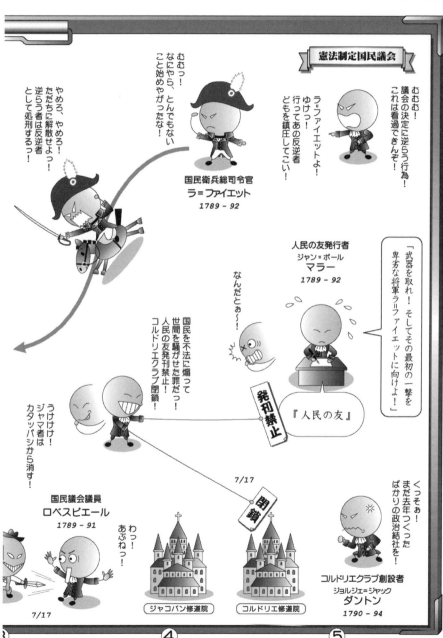

こうして、7月16日、一夜にして、国民議会(アサンブレ ナシオナール)の与党は、ジャコバンからフィヤンに移ります。
　そして、その結成翌日、はやくもフィヤンは大きな決断に迫られました。
　シャン＝ド＝マルス広場(＊01)にて、コルドリエ・ジャコバン両クラブが主体となって、署名運動(＊02)が挙行されたからです。(A-1/2)
　前(＊03)にも触れましたように、人が人を統制(コントロール)下に置くためには、2つの方法があります。
　「アメ（懐柔）」と「ムチ（弾圧）」と。
　今回、議会はあっさりと「ムチ」を選択することを決意、ただちに国民衛兵(ガルド ナシオナール)の派兵を決議します。
　──5万の殺気だった暴徒がシャン＝ド＝マルスから議会に押し寄せてくる！
　そんなデマを、裏も取らずにマに受けたからです。
　ただちにバイイ市長とラ＝ファイエット将軍が現場に直行！(B-3/4)

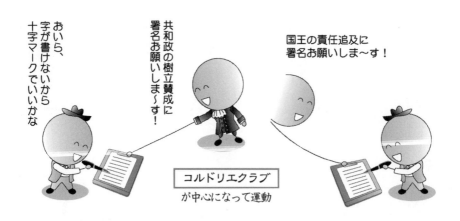

（＊01）狭いパリの町の中で、東京ドーム20個分（25ha）にもおよぶひときわ大きな広場があります。それが「シャン＝ド＝マルス広場」です。
　　　本来は「練兵場」ですが、さまざまなイベントが催される多目的広場となっていました。
（＊02）当時は字が書けない者も多く、その場合、「＋」とだけ書いていました。
（＊03）「第2章第3幕」のこと。あのときには「アメ」が採用されました。

すると。
　たしかに署名運動は行われていたものの、その数はわずかに200人程度。
　しかも、女子供が過半数。
　物売りまでいる。
　平和的な署名運動そのもの。(A/B-1/2/3)
── あれ？
　"5万の殺気だった暴徒"は？
　戸惑う国民衛兵(ガルド ナシオナール)でしたが、突然軍隊が目の前に現れたのですから、市民(シトワイヤン)たちの方がもっと驚きました。

国民衛兵総司令官
ラ＝ファイエット

むむっ！
なにやら、とんでもない
こと始めやがったな！

憲法制定国民議会

むむ！
議会の決定に逆らう行為！
これは看過できんぞ！

ラ＝ファイエットよ！
ゆけっ！
行ってあの反逆者どもを鎮圧してこい！

「な、なんだ、なんだ!?　いったい何事だ!?」
「我々はただ平和的な署名活動をしているだけだぞ!?」
　戸惑いと驚きは、すぐに怒りへと変わり、
「このラ＝ファイエットの犬どもめ！」
「恥を知れ！」「帰れ！」
…と罵倒(ばとう)が浴びせられ、それはやがて投石へ、ついには発砲騒ぎにまで発展し、
国民衛兵(ガルド ナシオナール)に負傷者が出ます。

あれよあれよと事態が悪化する中で、突如、国民衛兵(ガルドナシオナール)側が、武器も持たない民衆に一斉攻撃をしかけはじめます。(C/D-1/2)(＊04)

こうして、女子供が多数を占める市民が、軍隊によって虐殺されてしまいます。(＊05)

国民衛兵が国民を虐殺するとは何という皮肉でしょうか。(＊06)

死者数十人、逮捕者が200人ほど。(＊07)

しかも、議会は、その日、弾圧の手を他にも伸ばしていました。

- J．P．マラー(ジャン ポール)の発刊していた『人民の友』は発刊禁止。(B/C-5)
- J．J．ダントン(ジョルジェ ジャック)が創設したコルドリエクラブは閉鎖。(D-5)
- ロベスピエールもジャコバン修道院で何者かに襲撃される。(D-3/4)

こうして、革命は急速に保守化していったのでした。

(＊04) 誰が攻撃命令を出したのか、じつのところ、よくわかっていません。
(＊05) これは、ロシア革命における「血の日曜日事件」を思い起こさせます。
(＊06) 「人民解放軍」が人民を殺戮した「天安門事件」を思い起こさせます。
(＊07) 直接病院で死亡が確認されたのは「12人」でしたが、その夜、何十体もの死体がセーヌ川に投げ込まれたといわれています。

第3章　フィヤン政府

第4幕

"形だけ"の脅し
ピルニッツ宣言

ヴァレンヌ逃亡事件後、宮廷内に焦燥感(しょうそう)が漂う。しかし、夫君ルイ16世はまるで頼りにならない。そこで、マリー＝アントワネットは実兄のオーストリア皇帝レオポルト2世に命乞いの手紙を出す。しかし、レオポルト2世にそのつもりはなかった。彼は「形だけ」の宣言を出してお茶を濁そうとしたのだが…。

コマッタ妹だ…
だからあれほど
忠告したのに…

お兄様ぁ！
助けてぇ！

〈ピルニッツ宣言〉

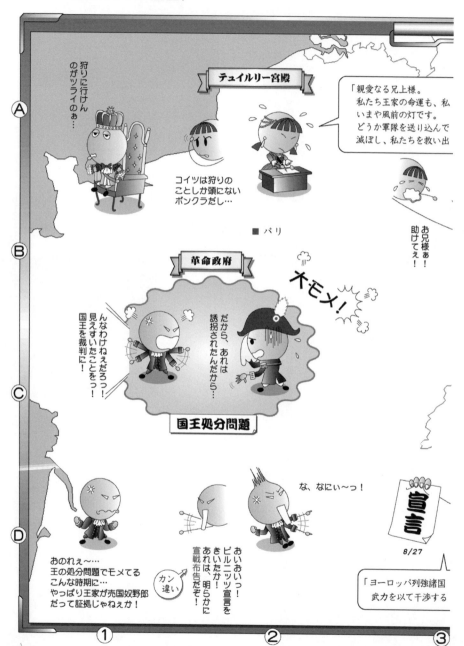

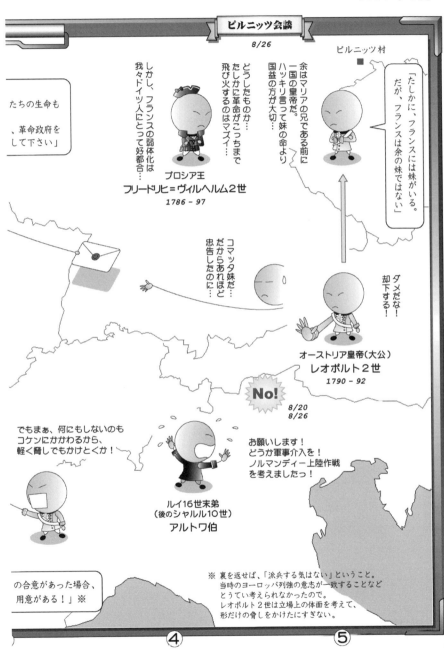

そもそも、身分も立場も価値観も利害も目的もまったく異なる者たちが大同団結して生まれたものが「国民議会(アサンブレ ナシオナール)」です。

　しかし。
　"大同団結"といえば聞こえはよいですが、言葉を換えれば「寄せ集め」「烏合の衆」なわけで、そうした"団結"はもろい。
　何かひとつキッカケがあれば、簡単に崩れ去るものです。
　今回、そのキッカケとなったものが「ヴァレンヌ逃亡事件」でした。
　この事件によって、彼らの紐帯(＊01)であった"王の権威(オーソリティ)"は消滅し、たちまち議会が分裂しはじめた――
　…ということは、前幕ですでに触れました。(B/C-2)
――王に罪があるのは明らかだ！
　　退位させるべし！
「いや、陛下に罪はない。
　何者かによって拉致されたのだ！」

―――――――――――――――――――――――――――――――――
（＊01）複数のものをひとつにまとめる紐や帯のこと。固い結びつき。

―― バカな！
　ならば、白黒はっきりさせるべく、裁判にかけろ！
　このような情勢の中、テュイルリー宮でも動揺が走ります。
　もはや、いつ何時、議会から死刑宣告が告げられることか知れたものではありません。
　王家に対する監視の目はより一層きびしくなっていますから、もう一度逃げ出すのも無理。
　こうしたとき、頼るべき夫君ルイ16世は、今更ながら、まるで頼りになりません。(A/B-1)
　となれば。
　もはや、頼るべきは兄上 (＊02) しかない！
　そこで、マリー＝アントワネットは、オーストリア皇帝 (＊03) (B/C-5) に手紙を認めます。(A/B-2/3)

(＊02) 当時、マリー＝アントワネットの実兄は、オーストリア皇帝（レオポルト2世）でした。

(＊03) このころはまだ正確には「オーストリア皇帝」ではありませんが、実効支配力を持つ「オーストリア大公」と、名目化した「神聖ローマ皇帝」という2つの地位を重ね、「帝位を持っているオーストリア大公」という意味で、18世紀前後のオーストリア君主は、慣習的にこう呼ばれます。1806年以降、正式に「オーストリア皇帝」を名乗るようになります。

「親愛なる兄上様。

　私たち王家の命運も、私たちの生命も、いまや風前の灯火です。

　どうか、軍隊を送り込んで革命政府を亡ぼし、

　私たちを救い出してください！」(A-3)

　また、いち早く亡命していたアルトワ伯(＊04)も、盛んにオーストリア皇帝に開戦要請を出しています。(C/D-4/5)

　しかし。

　レオポルト2世はなかなか首を縦に振りません。(B/C-5)

　オーストリアは大国ですが、フランスも大国です。

　フランスを敵に回して事を構えるということになれば、如何なるオーストリアとて国運を賭けて戦わなくてはなりません。

　たとえ「かわいい妹マリーのため」であっても、そうおいそれと軍を動かすわけにはいかないのです。(＊05)

　しかし、それでも、これがフランスとオーストリアだけの問題であれば、レオポルト2世はフランスに宣戦していたかもしれません。

(＊04) ルイ16世の末弟。のちの復古ブルボン王朝の第2代 シャルル10世。

(＊05) オーストリアは、この半世紀前の「オーストリア継承戦争(1740〜48年)」では、フランスを敵にまわして敗北。その次の「七年戦争(1756〜63年)」ではプロシアを敵にまわして敗北しています。オーストリアがフランス・プロシアに対して慎重になるのは、こうした歴史的背景にも起因しています。

それができなかったのは、きわめて複雑な当時のヨーロッパの国際情勢への配慮からでした。

たとえば、仮にフランスと開戦したとしたら、プロシアはどう動くか。

万一、プロシアとフランスが軍事同盟を結んでしまえば、オーストリアは挟撃される形となり、それではオーストリア継承戦争の二の舞です。

プロシアの支持なくして開戦はできません。

そこで、レオポルト２世は、ポーランド問題（＊06）にカコつけて、プロシアに対して会見を申し込みました。

これが「ピルニッツ会談」です。(A-4/5)（＊07）

レオポルド２世は、ポーランド問題もそこそこに、フランス問題について、プロシア（＊08）の本心を探りましたが、どうもプロシアは静観の構えのよう。

プロシアの積極的協力が得られなかったため、レオポルト２世も「静観」を決意します。

レオポルト２世はそれをこんな言葉で表現しました。

プロシア王
フリードリヒ＝ヴィルヘルム２世

オーストリア皇帝（大公）
レオポルト２世

（＊06）当時、ポーランドは普・墺・露に一部領土を分割され（1774年 第１回ポーランド分割）ており、普・墺は「次」を踏まえて、話し合いを模索していました。

（＊07）ピルニッツは、オーストリアとプロシアの間にあるザクセン領にありました。(A-5)

（＊08）当時のプロシア国王は、フリードリヒ＝ヴィルヘルム２世（1786〜97年）。

――たしかにフランスには妹がいる。
　　　だが、フランスは余の妹ではない。(A-5)
　つまり。
「兄の心情としては、妹を救ってやりたい気持ちはヤマヤマなれど、余はマリア＝アントニア（マリー＝アントワネット）の"兄"である前に、一国の"皇帝（カイザー）"である！
　皇帝（カイザー）として、"たった１人の妹"と"オーストリア全国民"の命運を天秤（てんびん）にかけるわけにはいかぬ！」
　レオポルト２世の「静観」決意はここに固まりました。
　しかし、それはそれでまた別の問題が生まれます。
　実の妹から「命乞（ご）い」の手紙までもらっているのに、これを「黙殺」したとあっては、オーストリア皇帝として"メンツ"が立ちません。(＊09)
　諸般の事情によって開戦することはできない。
　かといって、何もしないわけにもいかない。
　こうしたジレンマの中で、プロシアと協議の上、一応、「形だけの宣言」を出すことで"手打ち"にすることにしました。
　これが「ピルニッツ宣言」です。(D-3)
　――フランス国王の現状は、ヨーロッパ全主権者の利害に関わる問題であり、
　　　フランス国王を完全に自由な状態にするために、
　　　我々は必要な武力を以（も）て、ただちに干渉する用意がある！
　実際の宣言文は、もっと回りくどい表現がなされていますので、政治に疎（うと）い人が読むと、いかにも「戦争するぞ！」と言っているように聞こえる内容となっています。

(＊09) そのうえ、招かれてもいないのに、アルトワ伯がピルニッツに現れ、再三、普・墺の両君に対して開戦要求を掲げてきました。
　　レオポルト２世の静観の意志は固かったものの、アルトワ伯の執拗な要求に対して、何かしら、形だけでも行動を起こして、アルトワ伯を納得させる必要があると考えるようになりました。

しかし、一定レベル以上の政治センスがある人が読めば、この宣言が「開戦するつもりなどサラサラない」という意思表示だということが、ちゃんとわかるように工夫された文面でした。(*10)
　なんとなれば、その前文には"実行条件"が書かれてあったからです。
──　ヨーロッパ列強諸国の合意があった場合に限り　──
…と。
　権謀術数渦巻く、当時の複雑怪奇なヨーロッパ情勢において、
「ヨーロッパ列強諸国の合意」などあり得ません。
　つまり。
「絶対にあり得ないことを条件」として「やる」と言っているわけで、これは、
「絶対にやらない」という意味の婉曲的・反語的表現にすぎません。(*11)
　こういうまどろっこしい表現は、あくまで周辺には「やるぞ！」という気概を見せてメンツを保ちつつ、その一方で、当のフランスに対しては、「まったくそのつもりはないですからね？」「あくまでポーズですよ？」という意志を伝えようとした、多分に"政治的配慮"を含んだ宣言だったのです。

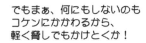

（＊10）「政治」「外交」というものは、「表面上の言葉」で行われるものではありません。政治家同士のみで伝わる「阿吽」というものがあります。古来より脈々と連なる政治経験の蓄積によって、彼らは「言葉の表面的意味」から「行間」「本心」を読み取ることができます。
　ところが、一般大衆というのは、そうした政治家の「阿吽」がまったく理解できないため、政治家と民衆の間に大きな齟齬が生まれ、それが大事件に発展してしまうことがあります。

ところが。

相手が悪かった。

当時のフランス政府は、ついこの間、ドサクサ紛(まぎ)れに政権を奪取したばかりの、政治家としてはまるっきり"ズブの素人集団"です。

彼らには、"政治家同士の阿吽(あうん)"などまったく理解できず、この「ピルニッツ宣言」を表面的な意味のまま、マに受けてしまいます。

── おいおい、ピルニッツ宣言を聞いたか！？

── おうともよ！

あれは、明らかに「宣戦布告」だぞ！！（D-1/2）

いえいえ、明らかに違います。

無知とは恐ろしいものです。

フランス革命政府の、この"政治的無知"が、まったく起こす必要のない戦争を引き起こしてしまうことになるのです。

おのれぇ～…
王の処分問題でモメてる
こんな時期に…
やっぱり王家が売国奴野郎
だって証拠じゃねぇか！

カン違い

な、なにぃ～っ！

おいおいっ！
ピルニッツ宣言を
きいたか！
あれは、明らかに
宣戦布告だぞ！

（＊11）これは、「お前が東大なんかに合格できたら、素っ裸で逆立ちしてグラウンド３周してやらァ！」と咆吼きっているのと同じです。

この場合、この発言者は「素っ裸で逆立ちしてグラウンド３周」するつもりがあるのでしょうか、ないのでしょうか。もちろん「まったくない」です。

第3章　フィヤン政府

第5幕

有産者のための憲法
1791年憲法

「オーストリアがいつ攻めてくるか知れない！」ピルニッツ宣言に対するフランス革命政府の一方的な早トチリにより、フランス国内は戦時ムード一色となる。しかし、フランスには開戦前にどうしても解決しておかなければならない国内問題があった。それが「憲法制定」問題。こうして「1791年憲法」が生まれる。

さっさと憲法つくってこの革命を終わらせるぞ！

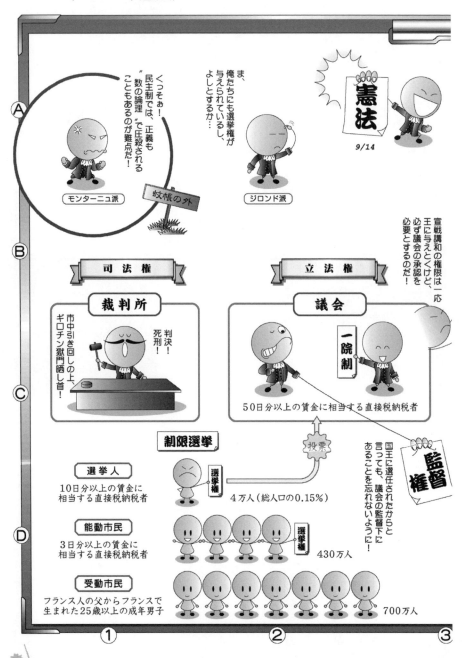

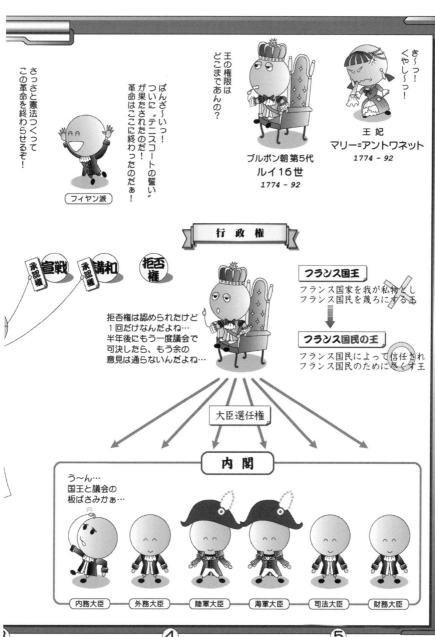

こうして、フランス政府はまったく存在しない影に怯え、臨戦態勢に入ります。

そうはいっても、当時のフランスは、戦争できるような情勢ではありません。
国王処分問題を巡って政府（国民議会(アサンブレ ナシオナール)）は真っ二つ。
このような足並みが揃わない状態では、戦争どころではありません。
そこで、何はともあれ、「憲法制定」を急ぐことにします。(＊01)
それこそが、フランス初の憲法「1791年憲法」です。
憲法制定に携わったのが、フィヤン。(A/B-3/4)
ジロンドもこれに同調・協力します。(A/B-2)
今回、蚊帳の外だったのが、さきの「シャン＝ド＝マルス広場虐殺事件」以降、大弾圧されて崩壊寸前のモンターニュ(＊02)。(A/B-1)
つまり、今回の憲法は「有産者(ブルジョワ)憲法」であり、今回の革命が（この時点では）市民(ブルジョワ)革命(＊03)だということを表しています。

それでは、具体的に見ていきましょう。

ま、俺たちにも選挙権が与えられているし、よしとするか…
［ジロンド派］

憲法

さっさと憲法つくってこの革命を終わらせるぞ！
［フィヤン派］

(＊01) そもそも、「テニスコートの誓い」以来、今国会の存在目的は「憲法制定」であり、その正式名称も「憲法制定国民議会」です。

(＊02) フィヤンとジロンドがジャコバンクラブから分離したあとも、最後までジャコバンに残っていた派閥が「モンターニュ派」と呼ばれるようになります。

(＊03) イギリスでは「名誉革命」、ロシアでは「三月革命」に相当します。

第 5 幕　1791 年憲法

■ 行政府 ■

まず王号について。

これを「フランス国王」改め、「フランス国民の王」とします。(B/C-5)

当時のフランス市民(シトワイヤン)にとって、「フランス国王」という呼び方は、
「国家に君臨し、国家を我が私物とし、国民を蔑(ないがし)ろにする王」
…という絶対主義君主の悪い印象(イメージ)が定着してしまっていたため、過去の悪いイメージを払拭(ふっしょく)するためにも、
「国民によって信任され、国民のために尽くす、新時代の開明的な王」
…という意味合いで「フランス国民の王」と呼ぶことにします。

また、国王に「拒否権(B-4)」が与えられますが、その発動は「1 回のみ」。

拒否権が発動されたとしても、半年後にもう一度議会で再可決されたら、もう王に抵抗の術(すべ)はなく、これで王権と議会のバランスを取ります。

また、これまで通り「宣戦・講和権」(B-3/4) が与えられましたが、議会の承認がなければ有効とならず、「大臣(*04)選任権」(C-4) も与えられましたが、その内閣はあくまで議会の監督下に置かれます。(C/D-3)

こうして、著しく制限された王権となりました。

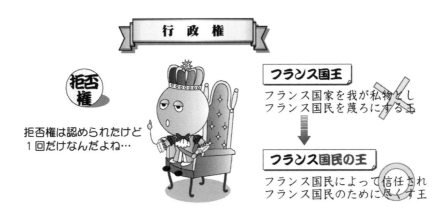

(*04) 内相・外相・陸相・海相・法相・蔵相の 6 名。

■ 立法府 ■

　つぎに、立法府における議員は、建前上「国民から選挙で選ばれる」ということになってはいましたが、すさまじい制限選挙でした。(C/D-1/2)

- そもそも女性には参政権が与えられず(＊05)、
- 男性であっても「成年男性(受動市民)(D-1)(＊06)」(700万人)のうち、「賃金3日分以上の直接税納税者(能動市民)」(430万人)にしか選挙権は与えられず、その彼らとて「選挙人」を選ぶ権利があるだけ。
- 選挙人(C/D-1)は「賃金10日分以上の直接税納税者」(4万人)しかなれず、
- 彼らによって選ばれる「議員資格」を持つ者は「賃金50日分以上の直接税納税者」という富裕層だけ。

　ちなみに、「選挙人」の数は、総人口のわずか0.15％。
　これは旧体制(アンシャンレジーム)のときの「特権身分(2％)」の1/10にも満たない。
　旧(ふる)い支配が倒れ、新しい支配者に入れ替わっても、やっていることは何ひとつ変わっていないことがわかります。

| 選挙人 |
| 10日分以上の賃金に相当する直接税納税者 |

選挙権　4万人(総人口の0.15％)

| 能動市民 |
| 3日分以上の賃金に相当する直接税納税者 |

選挙権　430万人

| 受動市民 |
| フランス人の父からフランスで生まれた25歳以上の成年男子 |

(＊05) フランスで女性参政権が与えられたのは、つい最近の1944年になってからです。初めて実施されたのは翌1945年で、これは日本と同じ年です。

(＊06) フランス人の父からフランスで生まれた25歳以上の男性。

第3章　フィヤン政府

第6幕

開戦に渦巻く欲望
立法議会の成立

憲法は成った。国民議会は立法議会へと改組された。これで新政府は、いつ攻めてくるとも知れぬオーストリアとの戦争準備に集中することができる——はずだった。ところが、敵は一向に攻めてくる気配がない。戦意のないオーストリアとわざわざ事を構える必要があるのか？　そもそも勝てるのか？　政府は苦悩する。

よし！
念願の憲法もできた！
これで、国民議会も
役割を果たしたな！

憲法
1791年憲法

〈立法議会の成立〉

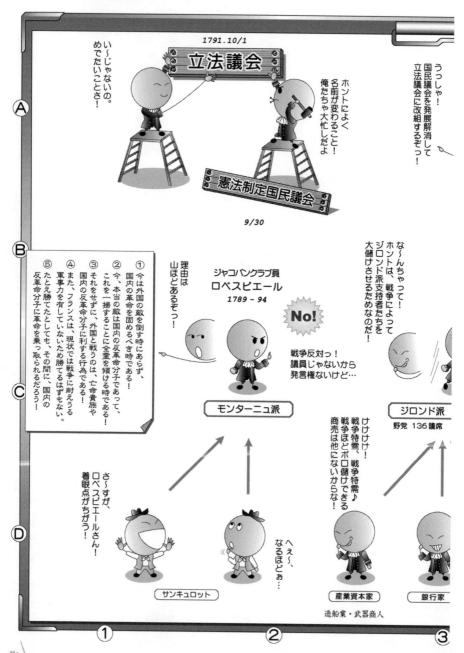

第 6 幕 立法議会の成立

1791 年後葉

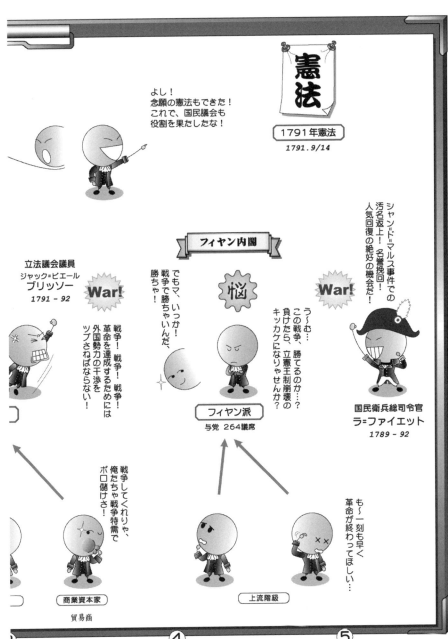

フランス初の憲法「1791年憲法」（A-5）はこうして生まれました。
　これにより、「憲法制定国民議会（アサンブレ ナシオナール コンスティテュアント）」はその歴史的役割を終えることになります。
　そこで、ただちにこれを解散、新たに「立法国民議会（アサンブレ ナシオナール レジスタチブ）」に改組することになりました。
　通常、これを略して「立法議会（アサンブレ レジスタチブ）」と呼びます。(*01)（A-1/2）
　この新議会の大きな特徴が、「全員が新人議員だった」ということ。
　これは、まだ旧議会（コンスティテュアント）のときに、ロベスピエールが「現議会（コンスティテュアント）の議員は、次期議会の選挙で再選できないようにしよう！」などと言い出したため。
　その結果、この国難にあって、ほとんどが20代前半の若造ばかりで、政治経験も知識もない"ドシロート集団"に国運が委（ゆだ）ねられることになったのです。
　議席数は以下の通り。

- 与党：　フィヤン派（264議席）← 上流階級支持
- 野党：　ジロンド派（136議席）← 中産階級支持

(*01) 国民議会は「無印」から「憲法制定」を経て、今回の「立法」と3段階に、名を変えてきましたが、ここに至るまでの3形態はあくまで「国民議会」です。
　　　ただし、「無印」から「憲法制定」は「単なる改名」にすぎないため、どちらも「国民議会」と区別せずに呼んで構いませんが、「憲法制定」から「立法」への動きは「改組」されているため、立法国民議会を「国民議会」と略して呼ぶことは通常ありません。

さて。

　そもそも、今回、慌てて憲法を作ったのは、いつ攻めてくるかもしれないオーストリアに対して"挙国一致の臨戦態勢"を築くためでした。

　ところが。

　今にも攻め込んでくるようなことを言っていた（ピルニッツ宣言）くせに、一向に攻めてくる気配がない。

　というより、徐々にそれが"単なる早トチリ"だったとわかってきます。

「どうやら"あれ"は単なる威嚇だったようだ」

「俺たちの早合点だったみたい」

「オーストリアは最初から攻めてくる気なんかなかったらしい」

　時が経ち、熱狂が冷めやり、そのうえ議員は総入れ替えとなった今、立ち止まって彼らは考えはじめます。

　向こうが攻めてくる気がないというのなら、こちらから戦争をしかける大義はないのでは？

　そもそも、大国オーストリアを敵にまわして勝てるのか？

というより、冷静に考えて、敗(ま)ける可能性の方がずっと高い。(＊02)
　しかも、与党はすでに自分の意向に沿った憲法の成立に満足しています。
「今のこの体制を温存したい！」
「わざわざオーストリアと事を構えて敗けでもしたら、戦争責任を追及され、
　よくて与党陥落、ヘタしたら、せっかくの憲法がツブされかねない！」
　与党となった今のフィヤンの望みは「安定」。
　とにかく一刻も早く革命を終わらせたい。
　そのためにも、大国オーストリアと全面戦争など、以(もっ)ての外(ほか)。
　とはいえ。
　これまで「憲法ができたら開戦！」を合言葉(スローガン)でやってきたのに、憲法ができた
途端、「やっぱしや～めた！」というのも…。
　フィヤンの悩みは尽きません。(B/C-4)ジレンマ
　これに対して、ジロンドは「開戦」一色！(B/C-3)
　なぜか。
　ひとつには、彼らが野党だったため。
　野党というのは、洋の東西を問わず、古今を問わず、与党のやること為すこ
とすべてに、とりあえず「反対！」というのが仕事のようなものです。

産業資本家
造船業・武器商人

銀行家

商業資本家
貿易商

(＊02) 革命によって、すぐれた将校はほとんど亡命していないし、残った将校たちもほとんどが
　　　 反革命分子で信用できないし、とにかく、準備不足、兵力不足、装備不足。
　　　 勝てる要素を探す方が難しいほどでした。

与党が戦争に尻込みしているというのなら、野党のジロンドは「開戦！」。

ジロンドが開戦を主張するのには、もうひとつ大きな理由がありました。

それは、そもそもジロンドの支持基盤が、商業資本家・産業資本家・銀行家といった有産者階級(ブルジョワジー)だったこと。(D-2/3/4)

彼らはいずれも開戦の「戦争特需」でボロ儲けできる連中です。

したがって、彼らは支持政党ジロンドに開戦するように突き上げます。(＊03)

「何やってんだ！

憲法はできたんだ、公約通り、さっさと開戦させんか！」

悩む与党フィヤンに開戦をせっつく野党ジロンド。

こうした構図の中、ジロンドに対抗するためにも、フィヤンは一致団結しなければならないところ。

ところが、足並みが揃いません。

身内の中から政敵と一緒になって「開戦！」を叫ぶ者がいたからです。

それが、あのラ＝ファイエット侯。(C-5)

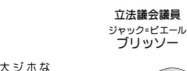

(＊03) ロシアにおいて、第一次世界大戦に悶絶して苦しむ労働者階級を中心としてロシア革命(三月革命)が起こったことがありましたが、その結果生まれた「臨時政府」は「戦争続行」を唱えています。これも、臨時政府がブルジョワ政府であり、ブルジョワは戦争でゼニ儲けをできる階級だからです。

彼はさきの「シャン゠ド゠マルス広場虐殺事件」によって人気が急落していたため、その汚名返上・名誉回復の"絶好のチャンス"と捉(とら)えていたからです。
　ここで気づくのは、さまざまな政見があっても誰一人として「天下国家のため」に決断している者がいないということ。

「自らの権力を護(まも)りたいがため」　（フィヤン）
「支持者にゼニ儲けさせるため」　（ジロンド）
「自己の人気取りのため」（ラ゠ファイエット）

　こうした中、無私の精神で(＊04)「戦争反対！」を叫んでいた唯一の人物。
　それがロベスピエールでした。(C-2)
―― そもそも今は戦争どころではない！　国内固めの時である！
　　今、戦争して喜ぶのは、反革命分子ばかりだ！
　しかし、彼の声が議会を動かすことはありませんでした。
　フランスは、"不毛な戦争"へ向かって驀進(ばくしん)していくことになります。

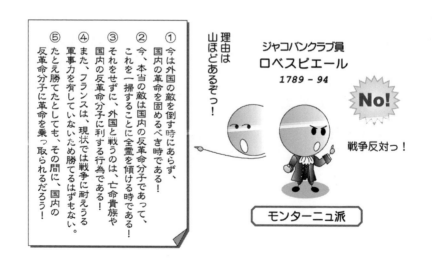

ジャコバンクラブ員
ロベスピエール
1789－94

理由は山ほどあるぞっ！

No!
戦争反対っ！

モンターニュ派

①今は外国の敵を倒す時にあらず、国内の革命を固めるべき時である！
②今、本当の敵は国内の反革命分子であって、これを一掃することに全霊を傾ける時である！
③それをせずに、外国と戦うのは、亡命貴族や国内の反革命分子に利する行為である！
④また、フランスは、現状では戦争に耐えうる軍事力を有していないため勝てるはずもない。
⑤たとえ勝てたとしても、その間に、国内の反革命分子に革命を乗っ取られるだろう！

──────────────────
（＊04）あくまでも「推測」ですが。
　　ひょっとしたら、彼にもまた、何かしら利己的な理由があったのかもしれません。

第4章　ジロンド政府

第1幕

好戦的内閣 vs 好戦的皇帝
仏墺開戦

議会では、開戦を躊躇う与党フィヤンと、開戦をせっつく野党ジロンドの対立がつづいていたが、国王権限により、ジロンドが与党となるや、開戦ムード一色となる。そのタイミングで、オーストリアでも温厚なレオポルト2世が身罷り、好戦的なフランツ2世が即位。もはや、開戦は避けられないものとなっていった。

俺は父上のような
弱腰じゃねぇぞ！
叩きつぶしてくれるっ！

〈仏墺開戦〉

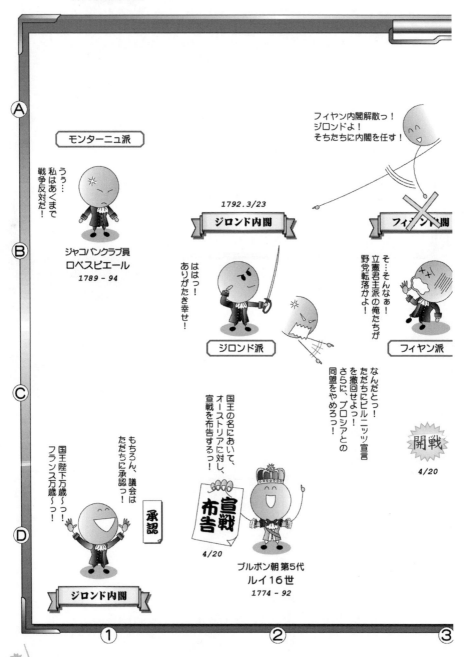

第 1 幕　仏墺開戦

1792 年前葉

お？
なるほど、
なるほど！

あなた！
戦争、い〜じゃない！
やらせなさいよ！
私たちを見棄てた兄上が死んで、
血の気の多い甥が即位したのよ！
革命政府が勝てっこないんだから！

王妃
マリー＝アントワネット
1774 - 92

ふん！政権なんざ、
すぐに
戦争で戦果を上げて、
取り戻してみせるわ！

国民衛兵総司令官
ラ＝ファイエット
1789 - 92

うう…
短い治世だった…
息子は気が短いからなぁ、
短気を起こさねばよいが…

神聖ローマ皇帝
オーストリア大公
レオポルト２世
1790 - 92

俺は父上のような
弱腰じゃねぇぞ！
叩きつぶしてくれるっ！

3/1

父上亡きあと、
帝国を継承したのは
このフランツ２世だっ！

神聖ローマ皇帝
オーストリア大公
フランツ２世
1792 - 1806

バ〜カ！
宣言撤回なんざするかっ！
もちろん、同盟もやめん！

211

憲法は成立したというのに、いつまでも"決断"を渋る与党フィヤン。
「断固開戦！」を叫ぶ野党ジロンド。

　いつの時代でもどこの国でも、野党というものは、できもしないくせに口だけは勇ましいものです。(＊01)

　こうした情勢の中、当のルイ16世はというと、ホントのところ、フィヤン同様、あまり乗り気ではありませんでした。

── 戦争に勝てば、いよいよ革命政府の虜から逃れられぬじゃろうし、
　さりとて敗ければ、人民の怒りが余に向き、余の命すらどうなることか知れたものではない。
　なんとか開戦に至る前に、諸外国の威嚇に人民が懼れおののき、進んで余にすがり、自ら旧体制の復帰を望んでくれないであろうか。

　そんな、ルイ16世にとって都合のいい展開などあるはずもなく、ほとんど"妄想"の類にすぎませんが、彼は大まじめにそう考えていました。
　このような煮えきらない国王の態度に、宮廷内でも主戦論がくすぶり、ルイ16世に対する説得工作が行われます。

ジロンド内閣

ははっ！ありがたき幸せ！

ジロンド派

フィヤン内閣

そ…そんなぁ！立憲君主派の俺たちが野党転落かよ！

フィヤン派

（＊01）しかも、前幕でも見てまいりましたように、当時のフランスの政府中枢にいるのは、20代の若造ばかり。無知で経験不足なくせにその自覚がなく、血気盛んな連中でした。

フィヤン内閣解散っ！
ジロンドよ！
そちたちに内閣を任す！

あなた！
戦争、い〜じゃない！
やらせなさいよ！

王妃
マリー＝アントワネット

　こうしたとき、国王説得の矢面に立たされるのは、いつも王妃マリー＝アントワネット。
王妃「陛下、何を躊躇っておられるのです！？
　　開戦となれば、革命政府は自滅するに決まっております！
　　ご懸念にはおよびませんわ！
　　幸い、ジロンドの連中が開戦を叫んでいるそうではありませんか。
　　あの者どもに政権を与えてやればよいではありませんか！」(A-4/5)
　すでに見てまいりましたように、「1791年憲法」では、内閣を組閣する権利は国王にありましたから、ルイ16世にその気さえあれば、ジロンドに組閣させることはたしかに可能です。
　内心気の進まぬルイ16世でしたが、こうしたとき、彼の答えはいつも同じ。
　── うむ、善きに計らうがよい。(A-3)
　こうして、ジロンド内閣が組閣されました。(B-2)
　1792年3月のことです。
　不幸なことにそれは、墺（オーストリア）の先君レオポルト2世（C-5）が亡くなり、その子フランツ2世（D-4/5）が新君として即位した直後（同年同月）のことです。
　如何にもタイミングが悪い。
　オーストリアの先君と新君は親子でしたが、性格は真逆。
　慎重でおとなしい性格の先君に対して、新君フランツ2世は「3度の飯より戦争が好き」というタイプの短気で好戦的な性格です。

何かと波乱含みの仏(フランス)墺(オーストリア)両国において、これまでなんとか戦争が避けられてきたのも、先君の慎重な態度に拠るところが大きかったのに、そのレオポルト２世が身罷(みまか)られ、オーストリアに好戦的な皇帝が即位するとほぼ同時に、フランスでも血気盛んな好戦的内閣が成立してしまったのです。
　ジロンド政府は、オーストリアに要求します。
── オーストリアは、ただちに「ピルニッツ宣言」を撤回し、
　　さらに、プロシアとの同盟関係も解消すべし！(C-2/3)
　こんな高飛車な要求、オーストリアが、ましてやあのフランツ２世が耳を傾けるはずもありません。(D-3/4)
　これでは、事実上フランスが"最後通牒(つうちょう)"を突きつけたようなものです。
　こうして翌月には、ルイ16世の名の下(もと)、「宣戦布告」が下されます。(＊02)
　いよいよ、両国は激突、フランス革命も新しい段階へと踏み出すことになっていきます。

ブルボン朝 第5代
ルイ16世

───────────────────────────────

(＊02) 1791年憲法では、国王の宣戦布告が有効となるためには「議会の承認」が必要でしたが、時の内閣は主戦派ジロンド。もちろん、ただちに承認されました。
　　　ロベスピエールだけが「断固反対！」(A/B-1)を叫んでいましたが、その声は議会に届きませんでした。

第4章　ジロンド政府

第2幕

素人集団のSOS
「祖国は危機にあり」宣言

ついに仏（フランス）墺（オーストリア）は激突した！

しかし、フランス政府は20代若造の素人集団、兵士は農夫やパン屋や靴屋のおやじ、将校は政府転覆を願う反革命分子。そのうえ王妃は軍事機密を漏洩しつづけ、国王は拒否権を濫発。これでは勝てる戦（いくさ）も勝てぬ！

ついに政府は「祖国は危機にあり」を宣言するに至る。

「祖国は危機にあり」

非常事態

〈「祖国は危機にあり」宣言〉

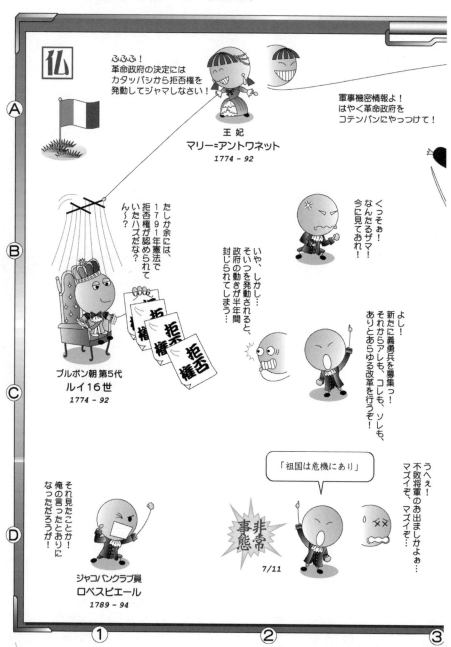

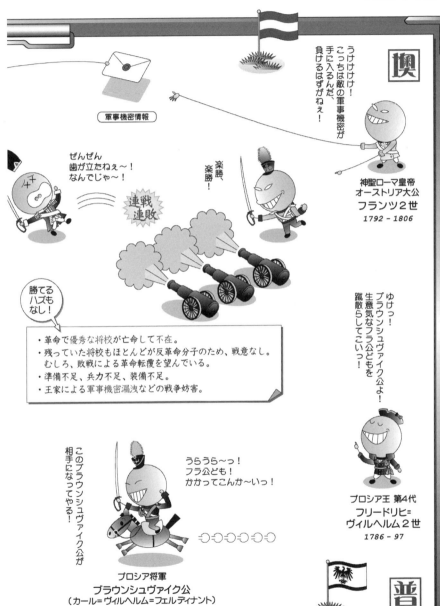

17

92年4月20日、いよいよ仏墺両国は開戦となりました。

オーストリアはたしかに中欧における大国ですが、フランスだって西欧における大国。

その両者が激突したのですから、さぞや一進一退の激戦が繰り広げられたのか —— と思いきや。

フタを開けてみれば、フランス軍の連戦連敗！

この結果は、開戦前から懸念されていたことで、フランス軍が勝つ要素を探すのが難しいほどでした。(＊01)(C-4)

当時のフランス革命政府が、実務経験などまるでない、世間知らずの若造ばかりで構成された"シロート集団"だったことはすでにご説明いたしましたが、じつは軍部も政府同様"シロート集団"でした。

経験豊富ですぐれた貴族将校たちは、革命の混乱の中で、すでにほとんど亡命しており、不在。

いまだ祖国(フランス)に残っている将校もいましたが、彼らも「反革命分子」。

(＊01) 本書「第3章 第6幕」の(＊02)を参照のこと。

戦意なし、忠誠心なし、いやそれどころか、このドサクサに紛(まぎ)れて革命転覆さえ考えているような輩(やから)でしたから、その初戦、まだ敵(オーストリア)軍が見えるか見えないうちから貴族将校は叫びます。

── 総員退却！
　　この中に裏切者がいるぞ！
　　このまま戦っては全滅だ！！
　　各自、勝手に逃げろっ！

　この声を聞いた兵士たちはというと、これがまた、ただのパン屋のオヤジやブドウ畑の農夫。
　政府同様、頭に「ど」が付くほどの"シロート集団"ですから、貴族将校の「逃げろっ！」「全滅するぞ！」の言葉に、アワを喰って散り散りバラバラ、雲散霧消。
　本戦の「初戦」からしてこの有様。
　こんな状態に加えて、軍事機密の漏洩(ろうえい)までありました。
　戦(いくさ)において、「情報戦」は実際の前線の軍事衝突よりもずっと重要で(＊02)、情報戦に敗れる者に"勝利の女神"は微笑(ほほえ)みません。
　にも関わらず、王室経由で軍事機密情報が敵国に垂れ流し。(A-4)

軍事機密情報

────────

(＊02) 太平洋戦争においても、「日本の軍事機密情報は、開戦前からホワイトハウスに筒抜けだった」とする根強い説があります。これは、終戦直後から日本はもとよりアメリカでも唱えられつづけているもので、もしそれが事実だとするなら、兵力・経済力の差以前に勝てっこありません。もっとも、そうであれば、太平洋戦争はホワイトハウスの"演出"によって行われたことになるため、アメリカ政府は今日に至るまで認めていませんが。

王室としては、是が非でもオーストリアに勝ってもらい、自分たちを"監獄"から救い出してほしいのですから。

　一事が万事、こんな状態でしたから、フランス軍が各地で連戦連敗したのは当然のことでした。

　急速に悪化する戦況に、革命政府はその都度、対応に追われることになります。

　しかし、ここでも問題が。

　せっかく政府が新しい改革案を議会に提出しても、これに対して、いちいち国王が「拒否権」を発動してきたのです。

　1791年憲法では、国王に拒否権があり、たとえ議会の決定であっても、拒否権が発動されればそれは無効となり、これをふたたび有効とするためには、半年後、もういちど再審決議しなければなりません。(＊03)

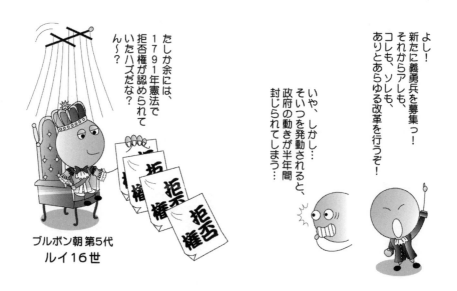

（＊03）本書「第3章 第5幕」を参照のこと。

（＊04）この混乱の中、6月15日、戦争責任を取らされる形でジロンド内閣は倒れ、フィヤン内閣が返り咲くことになります。ジロンド内閣は3ヶ月と保ちませんでした。

しかし今は、戦争の真っ最中、危急存亡の秋（とき）。

「え？　拒否権が発動されちゃった？

じゃあ、半年後にもう一度、審議しようか」

…などと、悠長（ゆうちょう）なことを言っているときではありません。

国王による想定外の「拒否権」発動の連発によって、ジロンド政府は仮死状態に陥（おちい）ります。(＊04)

さらに。

7月に入ると、勢いを得た普（プロシア）墺（オーストリア）連合軍は、あの"泣く子も黙る"(＊05)ブラウンシュヴァイク公を駆り出してきました。

当時、「ブラウンシュヴァイク公」といえば、知らぬ人とておらぬ、向かうところ敵なしの不敗将軍です。

その彼がついに出張（で）ってきたと知るや、フランスは恐慌状態。(＊06)

うへぇ！
不敗将軍のお出ましかよぉ…
マズイぞ、マズイぞ…

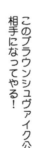

このブラウンシュヴァイク公が相手になってやる！

うらうら〜っ！
フラ公ども！
かかってこんか〜いっ！

プロシア将軍
ブラウンシュヴァイク公

(＊05)　中国で「泣く子も黙る」といえば、三国魏の将軍「張遼」。泣きやまぬ子に「遼来遼来（張遼が来るぞ）」と言うと、恐怖のあまり、ピタリと泣き止んだといわれています。張遼は、"言葉の綾"でも"比喩"でもなく、文字通りの「泣く子も黙る大将軍」だったわけです。

(＊06)　その混乱の中、7月10日、フィヤン内閣が崩壊しています。さきのジロンド内閣が3ヶ月と保たず、今回のノィヤン内閣は1ヶ月と保たず、まさに政界大混乱です。

―― おいおい、ついにブラウンシュヴァイク公まで出てきたぞ！

―― ただでさえ負けっ放しなのに、ここにきてブラウンシュヴァイク公のお出ましとなったら、いったい俺たちはどうなっちまうんだ！？

狼狽(ろうばい)した革命政府は、ただちに非常事態宣言を出し、（D-2）「祖国は危機にあり！」と、義勇兵の召集を呼びかけます。

この宣言は、何を意味するのでしょうか。

ロベスピエールはこう喝破しています。

―― 要するにこれは、政府が"自らの無能"を吐露(とろ)したものにすぎない！現状打開に匙(さじ)を投げ、すべての問題を国民に丸投げしたのだ！

まさにその通り！

しかし。

そもそもこの政府がこんな為体(ていたらく)になったのは何故(なぜ)か。

立法議会(アサンブレ レジスタチブ)を「なんの実務経験も政治知識もない、血の気だけが多い20代の若造」に任せたからです。

むしろ、そんな「若造議会」を作らせた者こそが"諸悪の根源"ですが、その者こそが、誰あろう、ロベスピエールです。

たしかにロベスピエールの言っていることは正しいかもしれない。

でも。

おまえがゆぅな。

ジャコバンクラブ員
ロベスピエール

「祖国は危機にあり」

第4章　ジロンド政府

第3幕

ロベスピエール煽動す！
ブラウンシュヴァイク公宣言

連戦連敗による市民の怒りの矛先は、必然的に国王一家に向いた。これに対して王妃はブラウンシュヴァイク公に救援要請の手紙を書く。以前にこれをやって自分の首を絞めることになったことも忘れて。これに応えた公は「ブラウンシュヴァイク公宣言」を発したが、これこそが国王一家を最終的に追い詰めることとなる。

〈ブラウンシュヴァイク公宣言〉

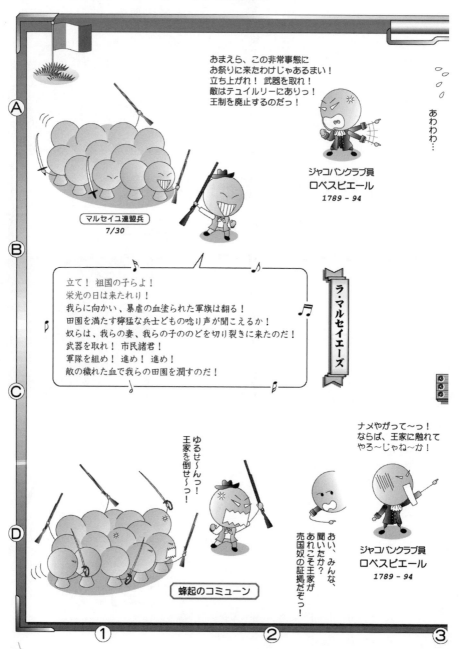

第3幕　ブラウンシュヴァイク公宣言

1792年7月

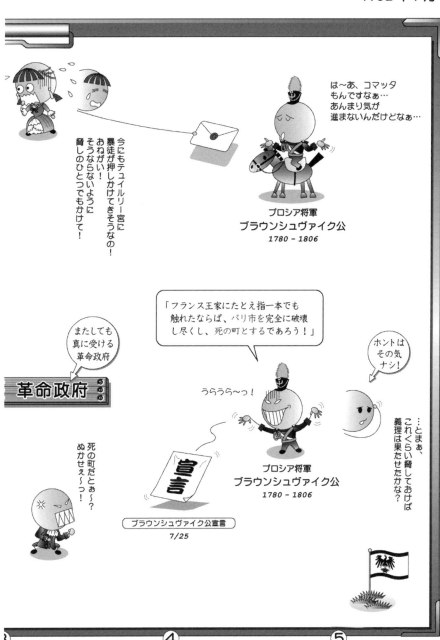

案の定、というべきか。

開戦と同時に、各地で惨憺たる敗北を重ねるフランス軍。

しかも、革命政府は為すところなし。

こうした状況に、市民の怒りの矛先は、「拒否権発動」を繰り返して政治を半身不随にさせた国王に向きます。

―― 憲法が、国王に拒否権・王室費・その他の大権を与えているのは、
　　合法的に祖国を亡ぼすためなのか！(＊01)

もはやいつ何時、暴徒たちがテュイルリー宮殿に押し寄せてくるか、わかったものではない切迫した状況になります。(＊02)

狼狽したマリー＝アントワネットは、今度は前線で大活躍のブラウンシュヴァイク公に手紙を出します。(＊03)（A-4）

「私たちの命はいまや風前の灯火です。

　どうか、一刻も早く私たちを救い出してください！」

は～あ、コマッタもんですなぁ…あんまり気が進まないんだけどなぁ…

今にもテュイルリー宮に暴徒が押しかけてきそうなの！おねがい！そうならないように脅しのひとつでもかけて！

プロシア将軍
ブラウンシュヴァイク公

(＊01)「ジロンドの鷲」の異名を持つ、ピエール．Ｖ．ヴェルニヨの演説（7月3日）。

(＊02) まさに、開戦前にルイ16世が懸念した通りの展開（前々幕を参照）となります。

(＊03) マリー＝アントワネットは、以前にもこれをやった（「第3章 第4幕」参照）ために、それが巡り巡って現在の窮地を招いているというのに、同じ過ちを繰り返します。どうも彼女は「過去の教訓に学ぶ」ということがまったくできなかったようです。

第3幕　ブラウンシュヴァイク公宣言

　しかしながら、手紙を受け取ったブラウンシュヴァイク公（A/B-5）は、あまり気乗りしません。
――ふ～む。
　　革命軍を蹴散らすことなど造作もないことだが、それにしたってパリまで侵攻しようと思えば、「いますぐ」というわけにもいかぬ。
　　キッチリとした計画を立て、それ相応の時間と軍費をかけ、こちら側も相応の被害を覚悟せねば。
　　とはいえ。
　　王妃より命乞いの手紙をもらって、これを黙殺するというわけにも…。
　　はてさて困ったのぉ。
　そこで、ブラウンシュヴァイク公は、とりあえず時間稼ぎとして、革命政府に「脅し」をかけておくことにしました。
――フランス王家にたとえ指一本でも触れたならば、
　　パリ市を完全に破壊し尽くし、死の町とするであろう！（B/C-4/5）
　これが所謂「ブラウンシュヴァイク公宣言」（C-4）です。
　もちろん、これもまた「ピルニッツ宣言」と同じで、ただの「脅し」であって

「本気」でないことは明白です。(＊04)

　しかし。

　相手は「政治のイロハ」もわからない革命政府。

　ピルニッツ宣言の失態に学ぶことなく、またしても革命政府はこれをマに受けてしまいます。(D-3)

―― おい！　聞いたか！？

　　パリを死の町とか吐かしてやがるぞ！？

―― あの宣言こそ、王家が敵国と通じている明らかな証拠ではないか！

―― やれるものならやってみやがれ！

　　本当にそれができるかどうか、王に触れてやろうじゃねぇか！

　そんな折も折。

　パリには、全国から連盟兵(フェデレ)がぞくぞくと結集してきていました。(A/B-1)

　革命記念日（7月14日）を祝うために開催される「連盟祭(フェト ドゥラ フェデラシオン)」に出席するためでしたが、その中で最後に到着したのが、紺碧海岸(コート ダジュール)近くからはるばるやってきた、もっとも過激として知られた「マルセイユ連盟兵(フェデレ)」でした。

　その数、5000。

おい、みんな、聞いたか！？
あれこそ王家が売国奴の証拠だぞっ！

ナメやがって〜っ！
ならば、王家に触れてやろ〜じゃね〜か！

死の町だとぉ〜？
ぬかせぇ〜っ！

（＊04）たとえば、大阪人が「ケツの穴から手ぇツッコんで、奥歯ガタガタ言わしたろかい！」と言ったとき、彼らは実際に「肛門に腕を入れ、大腸・小腸・胃・食道を乗り越えて、奥歯をガタガタ揺らそう」と思っているのでしょうか？　もちろん違います。
　それと同じで、「パリを完全に破壊し尽くし、死の町にする」などあり得ないことです。
　あり得ないことを「やる」と言っているときは、「その気はない」という意味なのです。

第３幕　ブラウンシュヴァイク公宣言

彼らに対して、ロベスピエールが絶叫します。（A-2）

「市民諸君(シトワイヤン)！

諸君らはよもや"お祭りのため"だけに集まってきたわけじゃあるまいな！？

今、祖国は国家存亡の危機にある！！

無能で腐敗した 立法議会(アサンブレ レジスラチブ) を一刻も早く解散させねばならない！(＊05)

普通選挙によって 国民公会(コンヴァンシオン ナシオナール) が召集され、

1791年憲法は改正されなければならない！

そのために、諸君らの力が必要なのだ！」

こうして、

- 外的要件：ブラウンシュヴァイク公宣言による外圧の増大
- 内的要件：連盟祭(フェト ドゥ ラ フェデラシオン)に集まった連盟兵(フェデレ)

…と、内外バラバラに起こった歴史的出来事が、ロベスピエールの演説によって結びつき、革命は「第二段階」へと向かっていくことになります。

マルセイユ連盟兵

おまえら、この非常事態に
お祭りに来たわけじゃあるまい！
立ち上がれ！　武器を取れ！
敵はテュイルリーにありっ！
王制を廃止するのだっ！

ジャコバンクラブ員
ロベスピエール

（＊05）ただし、「無能」というなら、ロベスピエール自身も立法議会に負けず劣らず無能でした。
　　　 詳しくは、おいおい解説していきますが、彼の最大の不幸は「自分が無能だという事実」に
　　　 死ぬまで気がつかなかったことでした。

Column 国民衛兵と連盟兵

　フランス革命を学んでおりますと、「国民衛兵(ガルド ナシオナール)」「連盟兵(フェデレ)」「自衛軍」「義勇兵」という言葉が出てきて、混乱させられることがあります。
　言葉の意味を曖昧(あいまい)にしたまま歴史を読み進めると、歴史がチンプンカンプンになりますから、わからない言葉・概念があったら、それを明確にしてから先に進むことが歴史理解の基本と言えます。
　本書でも前々ページ以降、突然「連盟兵(フェデレ)」というものが登場するようになりますので、これについて本コラムで解説しておきます。
　すでに本書でも触れられていますように、「国民衛兵(ガルド ナシオナール)」というのは、もともとバスティーユ牢獄襲撃事件の際に、パリで結成された義勇兵のことです。
　すると、それが革命の熱気に炙(あぶ)られるようにして、地方にもぞくぞくと「国民衛兵(ガルド ナシオナール)」を名乗る自衛軍が生まれていきました。
　ところで、フランスの行政区は　県(プレフェクチュール)　－　郡(アロンディスマン)　－　小郡(カントン)　－　市町村(コミューン)　と分かれていますが、このとき地方に生まれた「地方の国民衛兵(ガルド ナシオナール)」は、

- 革命の熱狂の中、市町村(コミューン)単位で各個バラバラに生まれただけの、
- きわめて小規模な、
- 統率、統一感のない、まとまりに欠ける組織

…だったため、まもなくこれを「連盟」として　郡(アロンディスマン)　ごとにまとめる動きが生まれます。
　たとえば、フランス南部に「ブーシュドゥローヌ県マルセイユ郡(アロンディスマン)」という郡(アロンディスマン)がありましたが、その中にも、各市町村(コミューン)ごとにたくさんの「国民衛兵(ガルド ナシオナール)」が生まれていて、それが結集したものが、あの有名な「マルセイユ連盟兵(フェデレ)」です。
　バスティーユ牢獄襲撃事件からちょうど１年後（1790年7月14日）、全国の連盟兵(フェデレ)がパリのシャン＝ド＝マルス広場に集まって、これを祝うことになりました。
　これが「連盟祭(フェト ドゥラ フェデラシオン)」であり、現在の「パリ祭」の起源です。

第4章　ジロンド政府

第4幕

拒否権野郎を倒せ！
八月十日事件

ついに暴徒たちがテュイルリー宮殿を襲撃した。国王一家はタンプル塔に幽閉され、王権は停止される。たまたまこれを見ていた一人の青年将校は言った。「なんて決断力のない愚かな王だ！　俺なら、こんな暴徒、アッという間に鎮圧してやるものを！」若き日のナポレオンであった。

はぁ〜狩りがしたいのぉ

タンプル塔（修道院）

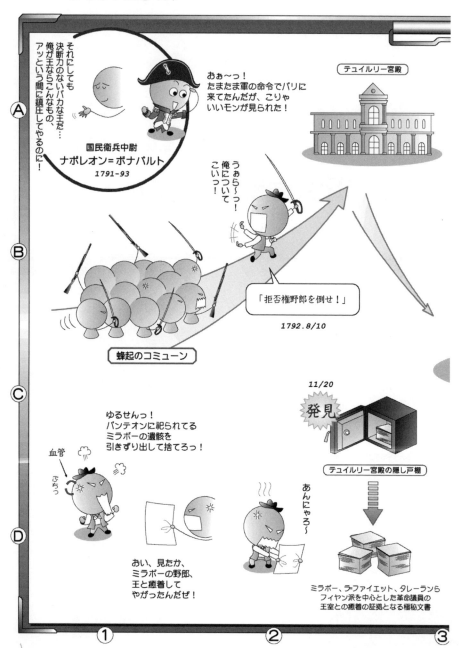

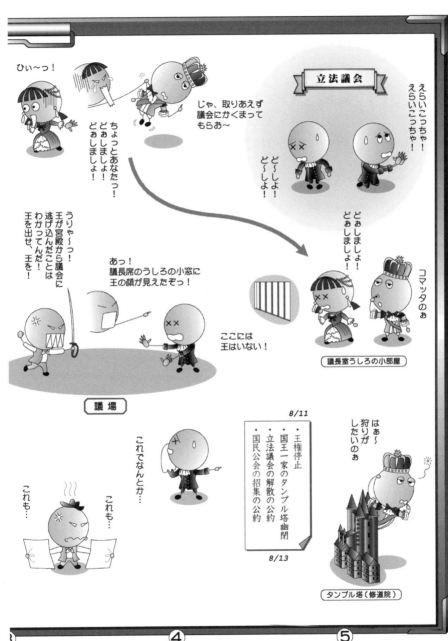

10年にもおよんでつづくことになるフランス革命は、大きく3つの段階に分けて考えることができます。

- 第一段階：1789年7月14日 バスティーユ牢獄襲撃事件からの約3年間
- 第二段階：1792年8月10日 テュイルリー宮殿襲撃事件からの約2年間
- 第三段階：1794年7月27日 テルミドール 9 日の政変(クーデタ)からの約5年間
　　　　　　（1799年11月9日 ブリュメール 18 日の政変(クーデタ)まで）

そして、本幕ではいよいよ、革命が「第一段階」から「第二段階」へと切り替わる重大事件、「テュイルリー宮殿襲撃事件（八月十日事件）」に突入いたします。(＊01)

1792年8月8日。

ロベスピエールが要求していた「ラ＝ファイエット罷免要求」が議会によって否決されたことをキッカケとして、ついに指導部は蜂起を決意し、

翌9日には「蜂起のコミューン」（B/C-1）が結成されます。

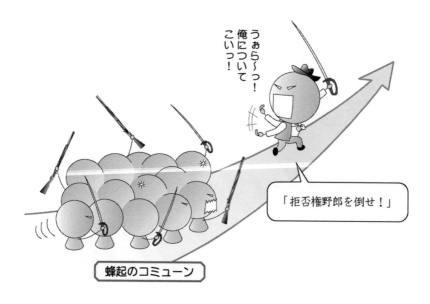

うぉら〜っ！
俺について
こいっ！

「拒否権野郎を倒せ！」

蜂起のコミューン

（＊01）このため、バスティーユ牢獄襲撃事件のことを「第1次フランス革命」、テュイルリー宮殿襲撃事件（八月十日事件）のことを「第2次フランス革命」と呼ぶことがあります。

　そして、翌10日朝には、ついに武装した市民が結集し、テュイルリー宮に向かって進軍をはじめます。
「拒否権野郎(ムシューヴェト)を倒せ！」（B/C-2）(＊02)
「拒否権野郎(ムシューヴェト)を倒せ！」
　これを知った忠臣 P．L．レードレーヌ(ピエール ルイ)(＊03)がテュイルリー宮に駆け込みます。
「へ、陛下！！　一大事にございます！！
　暴徒たちが迫っております！　ただちにここからお逃げください！
　もはや一刻の猶予(ゆうよ)もございません！」
　しかし。
　事ここに至ってもマリー＝アントワネットには事の重大性が理解できません。
── こちらにも兵がいるでしょう！
　軍を動員して暴徒どもを鎮圧しなさい。(＊04)

（＊02）繰り返し拒否権を発動して政治を麻痺させたルイ16世に対する侮辱の呼び名。
（＊03）立法府の地位としては立法議会議員。行政府の地位としてはパリ県監察官（現代の県知事のようなもの）。思想的には立憲君主派の人物。
（＊04）「王権にそんな力があるのなら、そもそも"幽閉"などされないでしょうが！」とツッコみたくなるところです。

レードレーヌはマリー＝アントワネットを無視して、ルイ16世に訴えます。
「陛下！！
男も女もパリ市民全体がここに進軍してきているのです！
もはや、選択の道はひとつしかなく、迷っている時間すらございませぬ！」
ここまでまるで他人事のようにうつむいて聞いていたルイ16世は、やっと顔をあげて答えました。
――うむ、善きに計らうがよい。
レードレーヌは、王の言葉にホッと胸をなでおろしましたが、つぎの言葉にショックを受けます。
――妃よ、そなたも共に。
じつは、レードレーヌは「ルイ16世陛下ただひとりだけを連れ出し、マリー＝アントワネットは見棄てる」つもりでした。
全市民から忌み嫌われているマリー＝アントワネットを残していけば、自然と市民の怒りは彼女に向けられることでしょう。
そうすれば、そこで暴徒たちのガス抜きができると同時に、ルイ16世を逃がす時間とチャンスも得られると思ったからです。
しかし、王の一言「そなたも共に」で、それも叶わず。

これだけでも逃亡失敗の可能性は飛躍的に高まってしまったため、絶望感に襲われつつ、レードレーヌは訴えます。
「陛下、ではこちらへ。
　ただし！　陛下と王妃様、お2人のみで！
　他の者は誰ひとりとしても連れていきませぬよう！」
　ところが、ここでもマリー＝アントワネットがグズります。
──それは認められませんわ！
　これまでさんざん尽くしてくれた者たちを、
　どうして見棄てることなどできましょう！？
　天を仰ぐレードレーヌ。
　しかし、ここで王妃と問答している猶予すらありません。
　しかたなく、ランバル夫人やトゥールゼル夫人（＊05）をはじめ、10人ほどの者がぞろぞろと移動することに。
　しかし、この10名からもあぶれ、取り残されることになって不安がる貴婦人たちに、マリー＝アントワネットは告げています。
──何も不安がることなどありませんわ。
　私はすぐに戻ってきます。（＊06）

議長室うしろの小部屋

（＊05）ランバル　　夫人：マリー＝アントワネットの女官長。
　　　　トゥールゼル夫人：国王夫妻の子供たちの養育係。

（＊06）二度と戻ってくることはありませんでした。

国王一家が住んでいた部屋を出て、廊下沿いの一番奥に「議場」があり、その議長席のうしろに「隠し部屋(＊07)」がありましたので、そこに隠れることになります。(B/C-5)

　やがて、マルセイユ連盟兵(フェデレ)を先兵として、暴徒たちが王宮に傾れ込み、戦闘が開始。

　国王一家は、天井の低い、狭い小部屋の中で、発砲音、怒声、絶叫を聞かされることになります。

　こうした混乱の中、王はひとつの命を下しました。

　──こちら側からのすべての攻撃をやめよ。

　　ただ防衛に死力を尽くすべし。

　目の色を変え、般若(はんにゃ)の形相(ぎょうそう)で殺到する敵に対して、攻撃をせず防衛のみ？

　そんなこと、できるわけがありません。

　この不可解な命令(＊08)のため、アッという間にテュイルリー宮は制圧され、暴徒は議場にまで傾(なだ)れ込んできます。(B/C-3)

これでなんとか…

・王権停止
・国王一家のタンプル塔幽閉
・立法議会の解散の公約
・国民公会の招集の公約

はぁ〜狩りがしたいのぉ

タンプル塔（修道院）

(＊07) 本来は、議事録をとる速記係の控える小部屋。

(＊08) とはいえ、このルイ16世による「戦闘停止命令」が、どのタイミングで、どんな意図の下で下されたのかについては、戦闘の混乱の中で、証言・文献が相互に矛盾し、諸説紛々としていて、じつのところよくわかっていません。

テュイルリー宮が制圧されたとなれば、もはや立法議会(アサンブレ レジスタチブ)もどうしようもありません。

翌11日には、王権停止。

翌12日には、隠し部屋に隠れていた王家は引きずり出され(＊09)、

翌13日には、彼らはタンプル塔へ幽閉され、（D-5）

さらに同日、立法議会(アサンブレ レジスタチブ)は、議会の解散および国民公会(コンヴェンシオン ナシオナール)の開催を公約させられます。

立法議会(アサンブレ レジスタチブ)としては、これでなんとか事態の収拾を図り、ルイ16世には責任を取って退位してもらい、王太子(ドーファン)をルイ17世として即位させることで王朝存続を狙っていた(＊10)ようですが、もはや、そんな弥縫策(びほう)では収まりがつかないところまで来ていたのです。

(＊09) ルイ16世以下10名の者たちは、この小部屋に鮨詰め、声も出せない状態で丸二日間にもわたって閉じこもっていました。

(＊10) ロシア三月革命でも、臨時政府はニコライ2世を退位させることで事態の収拾を図り、皇太子を新皇帝に即位させることで王朝の存続を図りました。しかし、結局、王朝はそのまま滅亡。のち、皇帝・皇太子ともども革命政府に惨殺されることになります。

Column　ラ・マルセイエーズ

　　革命を祝う「 連 盟 祭 (フェト ドゥ ラ フェデラシオン)」のためにパリに結集してきた連盟兵(フェデレ)の中でも、独自の軍歌を歌って気炎を吐き、とりわけ人目を引いていたのが「マルセイユ連盟兵(フェデレ)」でした。
――立て！　祖国の子らよ！　栄光の日は来たれり！
　　我らに向かい、暴虐(ぼうぎゃく)の血塗られた軍旗は 翻(ひるがえ)る！
　　田園を満たす獰猛(どうもう)な兵士どもの唸(うな)り声が聞こえるか！？
　　やつらは、我らの子、我らの妻の喉(のど)を切り裂きに来たのだ！
　　武器を取れ！　市民諸君！
　　軍隊を組め！　進め！　進め！
　　敵の穢(けが)れた血で我らの田園を 潤(うるお)すのだ！（前幕B/C-1/2）
　　サビの部分「武器を取れ(オウザルメ)！　市民諸君(シトワイヤン)！」というのは、フランス革命勃発のキッカケとなった C.デムーラン(カミーユ)の言葉です。
　　これが、現在に至るまで「フランス国歌」となっている「ラ・マルセイエーズ」です。
　　もともと「ライン軍のための軍歌」という 題(タイトル)でしたが「マルセイユ連盟兵(フェデレ)」が広めたため、人々はこれを「マルセイユ軍(ラ アルメ マルセイエーズ)」と呼び、いつしか「 軍 (アルメ)」が抜けて「ラ・マルセイエーズ」と呼ばれるようになりました。
　　その歌詞には、「敵」「穢(けが)れた血」「暴虐の血塗られた軍旗」「妻子ののどを切り裂きに来た」「獰猛(どうもう)な兵士」など、過激で血なまぐさい言葉が並ぶため、現在ではフランス内部からも批判があるようです。
　　しかしながら、その成立の歴史をしっかりと理解した上でこの歌詞を考察するなら、これほど"フランス共和国の建国精神"をよく表している歌詞もない、とも言えましょう。
　　もっとも、スポーツや平和の祭典、はたまた外国使節を迎えるときなど、国歌斉唱の場で"これ"が歌われるわけで、この歌詞で歓迎を受ける外国使節（この歌詞の中の「敵」はドイツのことなのでとくにドイツ使節）などは複雑な心境があるかもしれませんが…。

第4章　ジロンド政府

第5幕

砲戦の中の「ラ・マルセイエーズ」
ヴァルミーの戦と国民公会の成立

「国王一家に指一本でも触れたら、パリを死の町に！」
その宣言は見事に無視され、面目丸つぶれとなったブラウンシュヴァイク公が攻勢に出てくる。ロンウィー要塞・ヴェルダン要塞はたちまち陥落。パリ目前のヴァルミー丘陵で会戦となった。ここを突破されれば、「パリを死の町に」が現実味を帯びることになる。

王制廃止宣言！
共和国宣言！

第一共和制

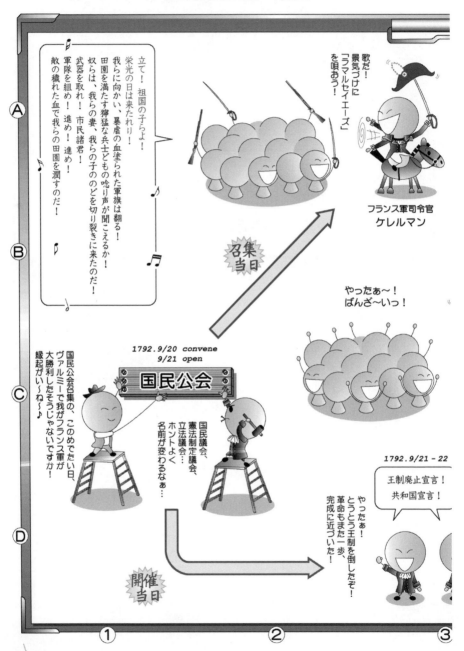

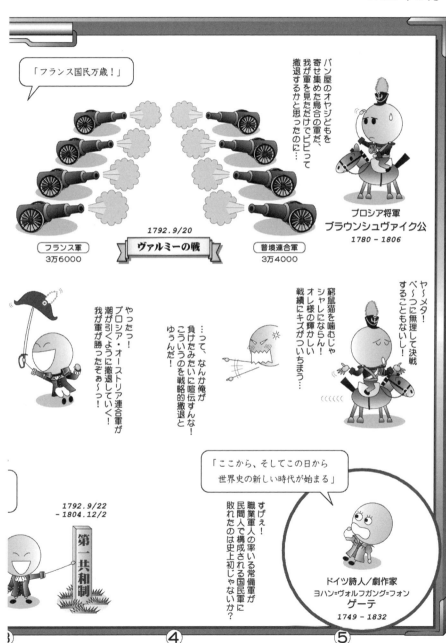

こうして、987年にパリ伯ユーグ=カペーが即位して以来、800年以上にわたってフランスに君臨してきた「カペー家の支配」(＊01)は、ついに終焉を迎えました。(＊02)

これを機に、時代は「王制」から「共和制」の時代へと移行していきます。

今回の事件が「第2次フランス革命」と呼ばれる所以です。

では、「蜂起のコミューン」はこの結果に満足し、事態は収束に向かったのでしょうか。

否(Non)。

こんなものでは「蜂起のコミューン」の怒りは収まりません。

今回の革命の立役者・ロベスピエールは、叫びます。

「人民は再び武器を取らねばならぬだろう！」

政府は、立法議会(アサンブレ レジスタチブ)と「蜂起のコミューン」による二重権力のような様相を呈し、一触即発の状態がつづきました。

(＊01) 800年の間に、カペー朝 → ヴァロア朝 → ブルボン朝と3王朝が交替しましたが、すべて「カペー統」です。ルイ16世のフルネームは「ルイ=オーギュスト=カペー」。

(＊02) この時点ではあくまで「事実上」。
このときはまだ、「王制の停止」であって「廃止」ではなかったため、王太子ルイ=シャルルを新国王として即位させることで、王朝の復活を図る道が残されていました。

そのうえ。

　この事件は、「国王一家に指一本でも触れたら…」と宣言を出していたブラウンシュヴァイク公の面目(メンツ)を丸つぶれにしてしまいましたから、彼自身はこたびの戦(いくさ)にはあまり気乗りしていなかった(＊03)にも関わらず、立場上、攻勢に出ざるを得なくなってしまいます。

　フランス政府が政治・外交に無知だったせいで、穏便(おんびん)に済まそうと思って彼が出した「宣言」が、かえって裏目に出てしまったわけです。(＊04)

　こうして、事件の翌日（8月11日）には普墺連合軍はフランス国境に結集。そこからあとは雪崩(なだれ)を打ったよう。

　16日には、連合軍がフランス国境を突破したかと思うと、

　20日には、砂糖に群がる蟻(あり)のようにロンウィー要塞を包囲。

　23日には、あっけなく陥落。

　── ロンウィー要塞、わずか3日で陥(お)つ！

　この報(ニュース)が届くや、パリ市民(ジャン)たちはパニック状態！！

　ロンウィー要塞が陥(お)ちたとなると、あとはヴェルダン要塞まで一直線。

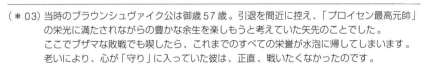

(＊03) 当時のブラウンシュヴァイク公は御歳57歳。引退を間近に控え、「プロイセン最高元帥」の栄光に満たされながらの豊かな余生を楽しもうと考えていた矢先のことでした。
　　　ここでブザマな敗戦でも喫したら、これまでのすべての栄誉が水泡に帰してしまいます。
　　　老いにより、心が「守り」に入っていた彼は、正直、戦いたくなかったのです。

(＊04) 詳しくは、本書「第4章 第3幕」を参照のこと。

そして、そのヴェルダンはパリの「最終防衛線」だったからです。
　万一、ヴェルダンまで陥ちたとなれば、もはやそこからパリまで何も防ぐものはありません。(＊05)
　しかも、あのロンウィー要塞が３日と保たずに陥ちたのなら、ヴェルダンだって２～３日と保つまい。
　ロンウィー要塞陥落の報(ニュース)に、パリ市民たちの脳裏には、「パリを死の町に！」と言ったブラウンシュヴァイク公宣言がよぎります。
　そのうえ、この事態に勢いを得た国内の王党派たちが、各地で反乱を起こしはじめました。
　まさに内憂外患(ないゆうがいかん)！
　こうした中、ついに30日には、ヴェルダン要塞がプロシア軍に包囲されたとの報(ニュース)が届きます。
　こうなれば、もう２～３日中にもヴェルダンは陥ち、プロシア軍がパリに殺到するかもしれない！
　パリ全体に動揺が走る中、９月２日、Ｊ．Ｊ．(ジョルジェ　ジャック)ダントンが叫びました。

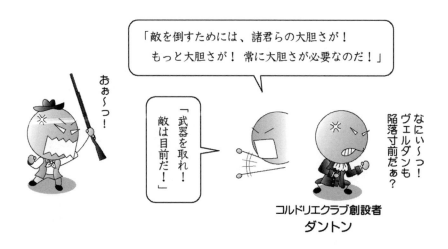

(＊05) 第一次世界大戦でも、ここヴェルダンが激戦地になったのはそれゆえです。
「ヴェルダンを陥とすこと」と「パリを陥とすこと」はほぼ同義なのです。

第5幕　ヴァルミーの戦と国民公会の成立

　――武器を取れ！　市民諸君！　すでに敵は目前だ！
　　敵を倒すためには、諸君らの大胆さが！
　　もっと大胆さが！　つねに大胆さが必要なのだ！（＊06）
　こうして、迫りくる敵軍に備え、全国から義勇兵を募ります。
　しかし、それだけでもダメだ！
　敵軍と戦う前に、国内の反革命分子を皆殺しにしておかねば！
　全国からぞくぞくと駆けつけてきた義勇兵を前にして、今度はＪ．Ｐ．マラーが叫びます。
　「諸君らの勇気に感謝する！
　だが、前線に向かう前に、まずは人民の敵を葬り去るのが先だ！」
　これを合図に、投獄されていた反革命分子が裁判にかけられることもなくつぎつぎと惨殺されていきました。（＊07）
　これを「九月虐殺」と言います。

（＊06）フランス語の「audace」は、「大胆」の他にも「勇気」「勇敢」と訳すこともあります。
　　　　ロシア革命のときには、レーニンがこの言葉をそっくりそのまま拝借して演説しています。
　　　　詳しくは『世界史劇場 ロシア革命の衝撃』（ベレ出版）を参照のこと。
（＊07）当時、「外国軍と戦うために義勇兵が前線に出兵したあと、牢獄に収監されている反革命分子たちが蜂起する」という根も葉もない噂が流れていました。

ところで。

前線では、ヴェルダンも予想通り3日で陥ちます（9月2日）。

ブラウンシュヴァイク公率いる普墺連合軍は、そのまま西進し、アルゴンヌの森を抜け（14日）、さらにパリへと進撃。

国家存亡の危機にあって、本来ならここで「ラ＝ファイエット将軍のお出まし！」となるところですが、肝心のラ＝ファイエット将軍は、タンプル塔に幽閉されている国王一家を救い出そうと、勝手に戦線を離れたために、その責を問われてすでに失脚していました。(＊08)

こうして、あらゆる条件が普墺連合軍に有利で、"何もなき野を往くが如く、あと2週間ほどでパリ入城を果たすだろう"との予測が流れる中、9月20日、両軍がパリ東方200kmのヴァルミーで睨み合うことになりました。

これが世に名高い「ヴァルミーの戦」です。(B-4)

しかし。

開戦当初、8万の大軍だった普墺連合軍も、兵站線が伸びるに従い、要所要

「フランス国民

歌だ！景気づけに「ラマルセイエーズ」を唄おう！

フランス軍司令官
ケレルマン

(＊08) 勝手に前線から離脱する行為は、如何なる理由があろうとも死刑です。
　　　国王救出に失敗した彼は、そのままオーストリアに亡命（8月19日）しています。

第 5 幕　ヴァルミーの戦と国民公会の成立

所に防衛部隊を配備せざるを得ず、ヴァルミーでフランス軍と対峙したときには 3 万 4000 にまで兵力が落ちていました。(A/B-5)

遠征軍ゆえの弱みです。

ここに危機感を感じたフランス軍が兵を増強(＊09)してきたため、3 万 6000 となり、ここで兵力が逆転します。(A/B-3)

とはいえ、軍の勝敗は兵の数のみで決まるものではありません。

連合軍は職業軍人で構成された「常備軍」、かたやフランス軍は「国民軍」といえば聞こえはよいものの、フタを開ければ、パン屋のおやじや葡萄畑の農夫、靴職人たち、民間人で構成された素人集団です。

質が違います。

ここまでの連戦連勝で進んできたブラウンシュヴァイク公(A/B-5)は完全に敵をナメきっていました。

「ふん！　敵はパン屋のおやじに靴職人たちだ。
　なぁに、58 門の大砲を一斉に轟かせてやれば、裸足で逃げ出すだろうて」

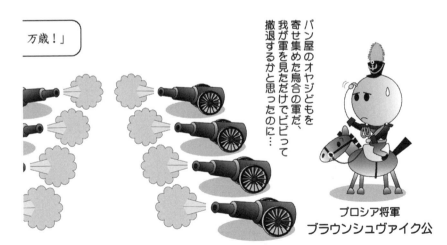

「万歳！」

パン屋のオヤジどもを
寄せ集めた烏合の軍だ、
我が軍を見ただけでビビって
撤退するかと思ったのに…

プロシア将軍
ブラウンシュヴァイク公

(＊09) ここまで普墺連合軍の猛攻を前に敗走を重ねていたフランス中央軍(Ｆ．Ｃ．ケレルマン麾下)に、増援部隊(Ｃ．Ｃ．デュムーリエ麾下)が合流しました。

しかし。

　プロシア側の大砲58門が一斉に火を吹いたにも関わらず、算を乱して敗走するはずのフランス軍は、54門の大砲で果敢に応戦してきました。(A/B-4)

　この想定外の反応に老将ブラウンシュヴァイク公は驚きましたが、望遠鏡で敵軍の戦況を覗いてみて、さらに驚かされることになります。

　敵軍は、砲戦中も、剣の先に帽子を掲げ、「ラ・マルセイエーズ」(A/B-1)を歌いつつ、合間合間に「国民万歳」と叫びつづけていたのです。(A-3)

　老獪な老将は、彼らの中に"危険な臭い"を感じ取ります。

――う～む…。ああいう狂信的な連中をまともに相手にすると、
　　こちらも手痛い損害を被るぞ。

　自軍を顧みれば、長戦で兵は疲弊しており、兵站もうまくいっていない。
　士気は衰えきっている。
　ブラウンシュヴァイク公が思案しているところに、突然の豪雨。
　兵たちの体は芯から冷え、土砂降りの雨に砲撃もままならない。
　しかも、この布陣は長期戦に不利です。(*10)

やったぁ～！
ばんざ～いっ！

やったっ！プロシア・オーストリア連合軍が潮が引くように撤退していく！我が軍が勝ったぞぉ～っ！

(*10) プロシア軍は、パリを背にしてフランス中央軍と対峙する布陣となっていました。これは「プロシア軍がパリとフランス中央軍を分断させた有利な布陣」とも解釈できますが、「プロシア軍がパリとフランス中央軍に挟撃された不利な布陣」とも解釈できます。短期決戦なら前者、長期化すれば後者となりましょう。ブラウンシュヴァイク公は、短期決戦ができそうにないなら、挟撃される前にいったん退かざるを得なかったのです。

──　やつらの士気の高さは侮（あなど）れん。

　我軍が敗（ま）けることなどあり得ないにしろ、こんなところでモタモタしてるわけにはいかぬ。

　それに、たとえ勝っても、「パン屋のおやじ」ごときに苦戦したとなれば、それだけでも自分の過去の栄光にキズが付くわい。

　こうして、ブラウンシュヴァイク公は、安全策を取って、とりあえず20km後方に"戦略的撤退"をすることにしました。(B/C-5)

　普墺連合軍に損害はほとんど出ていませんし(＊11)、こたびの撤退はどう見ても"戦略的撤退"であって、"敗走"ではありませんでしたが、戦場から退（ひ）いていく敵軍を見ながら、フランス軍は熱狂します。

「敵が我々に懼（おそ）れをなして退（ひ）いていくぞ！

　我々の大勝利である！！　勝ち鬨（どき）をあげよ！！」

──　国民万歳（ヴィーヴ ラ ナシオン）！

──　国民万歳（ヴィーヴ ラ ナシオン）！

　このように、後世、「世界で初めて国民軍が常備軍に勝利した戦い」だの、

…って、なんか俺が負けたみたいに喧伝すんな！こういうのを戦略的撤退とゆうんだ！

窮鼠猫を噛むんじゃシャレにならん！オレ様の輝かしい戦績にキズがついちまう…

ヤ～メタ！べ～つに無理して決戦することもないし。

(＊11) 普墺軍の戦死者はたったの184名。3万4000もの兵力のうち184名の損害は、マラトンの戦いで大勝利したアテネ軍の損害(全軍1万のうち192名)より小さなもので、ほとんど戦闘らしき戦闘が起こっていなかったことを意味しています。

したがって、「ヴァルミーの戦」ではなく、「ヴァルミーの砲戦」という場合もあります。

ちなみにフランス軍の戦死者は300名ほど。

「"国民国家"が"絶対主義国家"に勝利した戦い」だの、
「ここから、そしてこの日から世界史の新しい時代が始まる」(＊12)だの、
盛んに絶賛されるヴァルミーの戦ですが、フタを開けてみれば、少々…いや、かなりの過大評価と言える内容です。

　しかし。

　たとえ"事実"でなくとも、「フランスが勝った！」とフランス国民が信じたことは大きい。

　それにより、フランス国民は自信を回復し、それが"真の勝利"を導くことに寄与したのですから、やはりヴァルミーの戦の歴史的意義は大きいと言えるかもしれません。

　こうして、初めて革命政府が外国軍に"勝利"した、そのめでたい日、国内では「国民公会（コンヴェンシオン・ナシオナール）」が召集されていました。

　翌21日には、「王制廃止宣言」と「共和国宣言」が発せられ、ここに名実ともにブルボン王朝は滅亡します。

国民公会召集の、このめでたい日、ヴァルミーで我がフランス軍が大勝利したそうじゃないですか！縁起がい〜ね〜♪

国民議会、憲法制定議会、立法議会…ホントよく名前が変わるなぁ…

（＊12）J．W．ゲーテが『滞仏陣中記』の中で記した言葉。
　「ヴァルミーの戦の直後、ゲーテが感動して発した言葉」と紹介されることが多い言葉ですが、同書は、ヴァルミーの戦から30年もあとに書かれたものであり、ほんとうに戦いの直後に発した言葉なのかどうか、かなり懐疑的に受け止められています。

第4章　ジロンド政府

第6幕

一票差が決めた運命
ルイ16世の処刑

ついに「王国」は廃止され、フランス史上初の「共和国」が樹立された。となると、「国王」の処分をどうするかが共和国最初の懸案となる。国王は無罪放免か裁判か。裁判するなら無罪か有罪か。有罪なら執行猶予か死刑か。侃々諤々、丁々発止の議論の末、ついに判決は下る。

〈ルイ16世の処刑〉

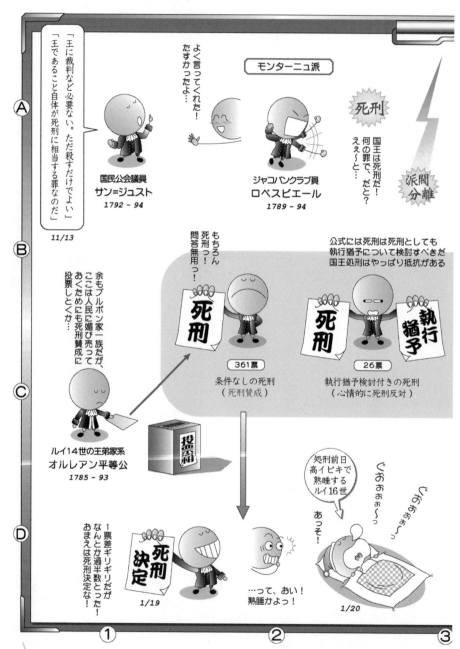

第6幕　ルイ16世の処刑

1792年10月〜93年1月

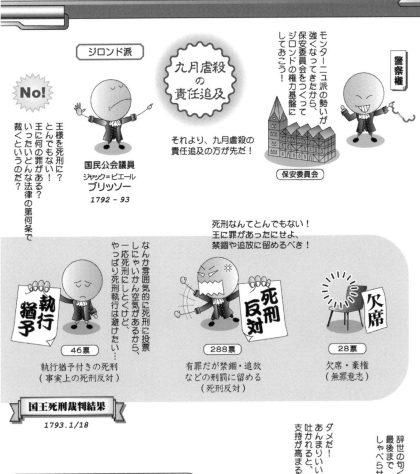

ジロンド派

国民公会議員
ジャック＝ピエール
ブリッソー
1792 - 93

No!
王様を死刑に？とんでもない！王に何の罪がある？いったいどんな法律の第何条で裁くというのだ？

九月虐殺の責任追及

それより、九月虐殺の責任追及の方が先だ！

モンターニュ派の勢いが強くなってきたから、保安委員会をつくってジロンドの権力基盤にしておこう！

保安委員会

警察権

なんか雰囲気的に死刑に投票しにゃいかん空気があるから、一応死刑にしとくけど、やっぱり死刑執行は避けたい…

執行猶予
46票
執行猶予付きの死刑
（事実上の死刑反対）

死刑なんてとんでもない！王に罪があったにせよ、禁錮や追放に留めるべき！

死刑反対
288票
有罪だが禁錮・追放などの刑罰に留める（死刑反対）

欠席
28票
欠席・棄権
（無罪意志）

国王死刑裁判結果
1793.1/18

1/21
10:22 am

「余は余が告発されたすべての罪について潔白のまま死ぬ。
余は非難される理由がないのだ。
しかし、余はそのすべての敵を許す！
余の血がフランス国民に有益ならん事を、神の怒りを鎮めん事を切望する！
そして……」

ルイ16世の発言を制するために、ベリュイエ将軍が太鼓を打ち鳴らさせたために、このあと聞き取れず…

ダメだ！あんまりいいセリフを吐かれると、国王派への支持が高まる可能性がある！

辞世の句くらい最後までしゃべらせて…

④　⑤

第1章　革命前夜
第2章　革命勃発
第3章　フィヤン政府
第4章　ジロンド政府
第5章　ジャコバン独裁

革命の最中にあって、フランス社会には、一種のヒステリー思想が蔓延していました。

──こんなにも国が乱れ、社会が紊乱し、頽廃し、堕落したのは、
　すべて「王制」のせいだ！(＊01)

こうした"一時の感情"で、800年以上にわたって脈々とつづいてきた「王制」を潰し、ここに「第一共和制」(＊02)を成立させました。

しかし。

たしかに「王国」は滅びましたが、「王様」がまだ残っています。

新生共和国において、この"過去の遺物"をどう扱うべきか？

これが、第一共和国の"最初の仕事"となります。

ところで、国民公会(コンヴェンシオン ナシオナール)の議場は、議長席から見て右翼にジロンド派、左翼にジャコバン派、中翼にその他大勢の日和見たちが陣取っていました。

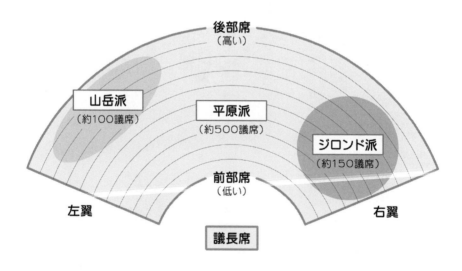

(＊01)「貧富の差が生まれるのはそもそも私有制があるからだ！　ならば、私有制自体をなくしてしまえば、貧富の差のない理想的な社会が生まれるはずだ！」とか、「戦争を起こすのはかならず人間だ！　ならば、人間を皆殺しにしてしまえば、戦争のない理想的な社会が生まれるはずだ！」という理窟と同じ、きわめて短絡的な考え方です。

(＊02)フランスの共和制はここから始まり、現在は「第五共和制」です。

ジャコバン派は、左翼でもとくに最上段（後部席）(＊03)に陣取っていたため、以後、「山岳派（モンターニュ）」と呼ばれるようになります。
　そして、「山岳（モンターニュ）」から見て、下の方（前列）を占めていた"その他大勢"の議員たちは、その位置的関係から「平原派（プレーヌ）」とか「沼沢派（マレ）」などと呼ばれるようになります。(＊04)

　議場の右翼に陣取るジロンド派は叫びます。（A-4）
「国王は罪を犯されたかもしれぬが、退位されたことでそれは贖（あがな）われた！
　退位された今も、依然として王は神聖であり不可侵であらせられる！」
　"八月十日"をしでかしておいて、いまさら「神聖」「不可侵」もありません。
　これには議場からヤジが飛びますが、演説はつづきます。
「そんなことより、さきの九月虐殺である！
　かの事件では、数千人もの罪なき人々が公正な裁判にかけられることもなく、つぎつぎと虐殺されていった！
　この蛮行の黒幕をあぶりだし、その者を断頭台（ギロチン）に送る方が先だ！」
　もちろん"黒幕"とは、マラーやダントンたちを指します。
　山岳派（モンターニュ）にとって、「九月虐殺」は触れてほしくない鬼門（ウィークポイント）です。
　しかし、この追及をのらりくらりとやりすごすことに成功した山岳派（モンターニュ）は、反撃を始めます。（A-2）
── 今は何よりも国王処分問題である！
　「王国」がなくなった以上、もはや彼は「神聖」でも「不可侵」でもない、ただの「ルイ＝カペー」という一市民にすぎない。
　よって、市民と同じように裁判にかけるべきである！

(＊03) 議場は「扇子を広げたような形」をしており、その「要」に議長席が、「扇面」に議員席が並び、議長席から遠いほど、席の位置が高くなっています（左ページのイラスト参照）。
　また、議長席から見て右側を「右翼」、左側を「左翼」と言います。

(＊04) ただし、とくに「党派」を組んでいたというわけではなく、情勢を見ながら、長いものに巻かれることしか頭にない、一人一党ともいうべき日和見たちでした。

ジロンド派は反問します。(A/B-3)
── そこまで言うならば問おう！
　裁判にかけようというなら、罪状は何だ！？
　国王は、どんな法律の、第何条の第何項に違反したというのだ！？
　ロベスピエールはもともと弁護士です。
　その彼が「立件」どころか「死刑」を要求しているのですから、「既存のどんな法律の第何条 第何項に違反しているか」を考えていないはずもありません。
　法律の話となれば、まさにロベスピエールの専門ですから、まさに"水を得た魚"、ジロンド議員をタジタジにさせるような"立て板に水"の答弁を滔々と始める ── のかと思いきや。
　意外や意外、ロベスピエールは答えに窮してしまいます。
　それもそのはず。
　どこの世界に「国王を死刑にしてよい」などという法を持つ国があるでしょうか。あるはずがありません。

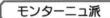

（＊05）彼は、この３年ほど前まで、「死刑は人の命を軽んずる野蛮な制度である！　如何なる理由があろうとも死刑は許されない！」と死刑廃止運動に尽力していました。
　その彼が、舌の根も乾かぬうちに、何の法的根拠もなく「死刑」を要求する。
　彼の「信念」など、一貫性も整合性も理念もない、その程度の幼稚なものだという"化けの皮"が剝がれた瞬間でもありました。

驚くべきことに、彼は、弁護士でありながら、なんら法的根拠もなく、「死刑」を要求していたのです。（＊05）

窮地に陥ったロベスピエールに助け船を出したのが、新進気鋭の若き代議士、L．A．サン＝ジュスト。(A-1)

弱冠25歳。色白で、線が細く、女性的な美しさを持つこの男は、以後、不犯（＊06）のロベスピエールに"妻"のごとく、断頭台の露と消えるその日までずっと寄り添うことになる人物です。

彼は、その容貌に似合わぬ、抑えの利いた強い声で演説をはじめます。

── 主権はもともと人民にしかあり得ない。
　にも関わらず、王はそれを不法に簒奪するという大罪を犯したのだ。
　よって、その存在自体が死刑に相当する"悪そのもの"なのである！（＊07）
　したがって、王に"法的根拠"など要らぬ。
　ましてや"裁判"すら必要ない！
　ただ殺すだけでよい。(A-1)

ジロンド派

国民公会議員
ジャック＝ピエール
ブリッソー

王様を死刑に？
とんでもない！
王に何の罪がある？

九月虐殺の責任追及

それより、九月虐殺の責任追及の方が先だ！

（＊06）童貞の意。「彼は生涯、不犯だった」（妹シャルロットの証言）といわれています。

（＊07）この発言により、このサン＝ジュストという人物が「法の基本精神（不遡及原則）」をまるで理解できていなかったことがわかります。「法の不遡及原則」は、近代刑法の大原則で、フランス人権宣言（第8条）にも書かれている基本的な法精神です。

「王に裁判など必要ない。ただ殺すだけでよい」
「王であること自体が死刑に相当する罪なのだ」

国民公会議員
サン＝ジュスト

　議場全体にどよめきが広がります。
　言ってることはメチャクチャで、感情的で、法の基本精神を根底から無視したものでしたが、彼の"声"に説得力があったのか^(＊08)、彼の演説により、平原派(プレーヌ)を中心に急速に「国王死刑派」が力を得てきます。
　このような緊迫した情勢の中、最悪のタイミング（サン＝ジュスト演説の１週間後）で仰天ニュースが飛び込んできました。
「おいっ！　テュイルリー宮殿に隠し戸棚が発見されたぞ！」^(＊09)
「なにっ？　いったい中には何が！？」
「国王が、革命を潰(つぶ)さんとして、反革命分子と密に連絡を取り合っていた証拠書類がわんさか出てきたそうだ！」
　これまでもそうした噂はありましたが、証拠がありませんでした。

（＊08）演説内容そのものがメチャクチャでも、それに異様な説得力を持たせることができる人がごく稀にいます。そうした能力を持った人のことを「カリスマ」と言い、カリスマの"声"にかかれば、大衆など、たわいもなく騙されてしまいます。
　　　　ナポレオンや、Ａ．ヒトラーなどはその代表格です。

（＊09）詳しくは、次ページのコラム「鍵師ガマンの煩悶」をご覧ください。

Column 鍵師ガマンの煩悶

　ミラボーが死去した翌月の1791年5月のこと。
　F(フランソワ).ガマンという鍵職人がテュイルリー宮殿に呼ばれました。
「陛下。今日はまた何用で？」
――　うむ。じつはな、この壁に隠し戸棚を作ってほしいのじゃ。
　このときのガマンには王の意図がよくわかりませんでしたが、その翌月、ヴァレンヌ逃亡事件を知り、その意図を悟ります。
「亡命したあと、宮廷に残される機密文書を隠しておきたかったのか！」
　そして、それからさらに1年後の1792年8月。
　今度は八月十日事件が起き、テュイルリー宮殿が革命政府の管轄下に入ると、ガマンの煩悶(はんもん)が始まります。
「まずいぞ、まずいぞ。もし、あの隠し戸棚が発見されたら、私まで反革命分子として処刑されてしまうかもしれない！」
　小心者のガマンは、煩悶(はんもん)に煩悶(はんもん)を重ね、憔悴(しょうすい)し、ついに「お慄(おそ)れながら…」と自白してしまいます。
　よりにもよって、「国王処分問題」で議会が揺れに揺れている、この最悪のタイミングで。
　通常、このような仕掛けを作らされた職人は口封じのために殺されるものですが、ルイ16世の甘さか、やさしさか、それをしなかったことが、彼自身の首を絞めることになったのです。
　ガマンは、小心者の哀しさ、今度は王党派の報復に怯(おび)えて暮らすようになり、まもなく44歳の若さでストレス性胃腸炎で病死しています。
　嗚呼、ガマンがもう少し我慢(ガマン)してくれていれば！！
　どうせ隠し戸棚など永久に見つからなかったでしょうし、そうなれば、ルイ16世が断頭台(ギロチン)に送られることもなく、対仏大同盟が生まれることもなく、その後の歴史はまったく違った展開になったでしょうに。
　そして、ガマン自身も天寿を全(まっと)うできたでしょうに。
　たった一人の小心者が歴史を変えた、というお話。

　しかし、ここに「確たる証拠」が出たわけです。(＊10)
　急速に「国王死刑派」が勢いづいていることに狼狽えたジロンド派は、ワラにもすがる思いで、
── かかる重大事案を我々だけで決定してよいものであろうか！？
　　　これは、人民投票にかけるべきである！
…と訴えましたが、これも棄却。
　そして、1793年1月18日。
　ついに、公開投票(＊11)によって、国王の死刑の是非について、採決が行われることになりました。

（＊10）このことによる影響については、次ページのコラム「聖人第一号の末路」をご覧ください。
（＊11）この「公開投票」というのは、モンターニュ派にとってたいへん有利となります。
　　　議員たちの多数は、「心情的には王を手にかけたくない」という思いがありつつも、「公開投票」ということになると、立場上、市民への体面上、行きがかり上、「死刑賛成」に投票せざるを得ない状況に追い込まれてしまう議員が多数いたからです。

Column 聖人第一号の末路

　テュイルリー宮殿から「隠し戸棚」が発見されたことで、ミラボー・ラ＝ファイエット・タレーランら、革命を先導した錚々(そうそう)たる指導者(リーダー)たちが、片端から、国王と密通していた「革命の裏切者」だったことが判明します。

　ラ＝ファイエットは、その3ヶ月ほど前(八月十日事件の直後の19日)、すでに亡命して国内にいませんでしたから、彼に制裁を加えることはできませんでした。

　もし、このとき彼が国内にいたなら、死刑は免(まぬが)れなかったでしょう。

　タレーランは、ちょうどこのとき外交官としてイギリスに滞在中だったために難を逃れることができ、そのままアメリカに亡命します。

　ミラボーはとっくに死んでいましたが、彼の遺体だけは市民(シトワイヤン)の手の届くパリの万神殿(パンテオン)にありました。

　したがって、市民(シトワイヤン)の怒りの矛先(ほこさき)は、自然と"ミラボーの遺体"に向くことになります。

　そもそも。

　ミラボーの死にあっては、市民(シトワイヤン)は大いに嘆き哀しみました。

　議会もその死を悼み、当時の聖ジュヌヴィエーヌ教会(現在の万神殿(パンテオン))を「聖人を祀(まつ)るための霊廟」とし、その"聖人第一号"として彼を祀(まつ)ることが決定したほど。

　その反動もあって、市民(シトワイヤン)の怒りは頂点に達します。

　── ミラボーの野郎め！！

　　俺たちの味方のフリしやがって、
　　いけしゃあしゃあと国王と通じてやがったのか！
　　許せん！　何が「聖人」だ！
　　あの野郎の骸(むくろ)を万神殿(パンテオン)から叩き出せ！！

　こうして、彼の骸(むくろ)は万神殿(パンテオン)から引きずり出され、「ゴミ捨て場」に棄(す)てられることになります。

集計結果は以下の通り。
- 無条件の　　　　　　　　　　　死刑 … 361票
- 執行猶予検討（マイユ条項）付きの死刑　 26票
- 執行猶予　　　　　　付きの死刑　 46票
- 死刑反対　　　　　　　　　　　　…288票
- 欠席・棄権　　　　　　　　　　　… 28票

　この投票結果をどう解釈するかは、研究者の間でも意見の分かれるところです（とくにマイユ条項の解釈）。
「無条件で死刑」は361票、「死刑反対」は288票ですが、そのどちらでもない中間層はどちらの立場だと考えればよいのか。
　よく唱えられている説が、
――「無条件で死刑」以外のすべての票は、死刑を回避するための何らかの条件を付けたもの（または棄権）であり、これは、
「公開投票のため、立場上、死刑に投票せざるを得ないが、本心は死刑を回避したい！」という意志の顕れである。
したがって、「死刑反対」票として考えるべきだ。

361票
条件なしの死刑
（死刑賛成）

26票
執行猶予検討付きの死刑
（心情的に死刑反対）

…とするもの。

　この説だと、棄権票を除けば、「賛成361票 vs 反対360票」。

　なんと、わずか1票差となり、劇的な展開だったことになります。

　しかし、別の意見もあります。

——「執行猶予検討（マイユ条項）付きの死刑」に投じられた26票は、「死刑そのもの」に反対したのではなく、単に「死刑の執行を延期することについて検討するべき」としただけである。

　「死刑執行を避けるための執行猶予（46票）」ではなく、

　「死刑はかならず執行されることを前提とした執行猶予」なのだから、

　これは「死刑派」に数えられるべきだ。

　この説ならば、「賛成387票 vs 反対334票」で、53票もの差がついていることになります。

　筆者の私見としては、「議員の心情まで汲みとる」ならば前者が、「法解釈のみを冷徹に解釈」するなら後者の意見が正しかろうと思います。

「でも、どちらの解釈にせよ、結果は変わらないじゃん？」

　そう思われるかもしれません。

（46票）

執行猶予付きの死刑
（事実上の死刑反対）

（288票）

有罪だが禁錮・追放
などの刑罰に留める
（死刑反対）

ルイ14世の王弟家系
オルレアン平等公

　しかし、事はそう単純でもありません。
　なんとなれば、王家にきわめて近い家柄であるオルレアン平等公(エガリテ)までが「無条件で死刑」に投票していた（C-1）からです。(＊12)
　平等公(エガリテ)は、「次の王位」を狙い、民衆に媚び(こ)たためにこの投票をしたといわれていますが、もし「1票差」だとするなら、彼がせめて「執行猶予付き死刑」で投票していてくれたら、王の命は救われたことになります。
　しかし、「人を呪わば穴ふたつ」。
　これより革命は急速に過激化(ラディカル)し、時を経ずして彼自身も断頭台(ギロチン)に送られることとなります。(＊13)
　ところで。
　マリー＝アントワネットは、結婚以来、ルイ16世に対して愛情を感じたことなどありませんでした。
　それどころか、彼の愚鈍さ、優柔不断さ、頼りなさ、臆病さに、心底いらだちと軽蔑を覚えていたほどです。(＊14)

（＊12）第1章では、オルレアン公を江戸幕府の「尾張藩」に譬えましたが、その尾張藩も幕末には幕府を裏切り、薩長側についています。
　　　　洋の東西を問わず、"沈みゆく船から逃げ出す"のはネズミばかりではないようで。
（＊13）彼の「王位への野望」はついに叶うことはありませんでしたが、彼の息子がのちに王位に昇りつめています（ルイ＝フィリップ 1830～48）。

愛情のない結婚生活ほど虚しいものはありません。
　彼女が、民衆から恨みを買うほどの常軌を逸する浪費や、また不倫に走ったのも、そこに原因が求められるでしょう。
　しかし。
　タンプル塔に囚われの身となってからは、彼女のその想いが一変します。
　明日をも知れぬ身となって、誰しも不安におののき、情緒が不安定になっているというのに、ルイ16世だけがいつもと変わらぬ飄々とした態度。
　今までは、彼のそうした態度が彼女をイラつかせ、"愚鈍"と蔑んできましたが、いまやそれが一転して、頼もしく見えるようになります。
　衛兵や牢番などから侮辱を受けても、怒りの感情を顕わにすることもない。
　世が世なら、考えられないほどの屈辱であるにも関わらず。
　そうした境遇への不満を他人に八つ当たりすることもなく、誰に対しても、これまでと変わらずやさしく接してくれる。
　この苛酷な運命に対しても、心が乱れる様子もない。(＊15)
── なんて頼もしい！
　なんて心の大きなお方だったのでしょう！
　今まで私は、このお方のことを何ひとつ見ていなかったんだわ！
　マリー＝アントワネットは、死の間際になって、急速にルイ16世に惹かれ、敬意と愛情を感じるようになっていったといわれています。
　彼女は、ルイ16世が病に伏せたとなれば、夜を徹して甲斐甲斐しく介護をするようになります。
　しかし。

（＊14）マリー＝アントワネットの最初の侍女、Ｊ．Ｌ．Ｈ．カンパン夫人が残した『回想録（原題：Memoirs of Marie Antoinette）』より。マリー＝アントワネットの宮廷の中での詳しい生活や心の動きは、たいていこの書が出典となっています。
　　　ただ、どこまで「信憑性」があるかについては、疑問が投げかけられています。

（＊15）このことについては、本幕コラム「動じない王」をご覧ください。

まもなく、一家が同室で暮らすことすら禁じられ、ルイ16世とマリー＝アントワネットは別室に分けられ、一日一度の会食が許されるのみとなりましたが、すると、その会食に全身で悦びを表すようになります。
　その様を見て、国王一家に対してつねに冷酷残忍だった牢番シモンですらも、憐憫の情にほだされ、落涙したほど。
「くそ！　このずべたどもめが！
　この俺を泣かせやがって……」
　しかし。
　動き出した歯車はもはや止まることはありませんでした。
　1月19日には、死刑が確定。(D-1)
　翌20日には、「明日(21日)、刑が執行される」旨が"ルイ＝カペー"に通告されます。
　ところが。
　まさに死刑執行の前夜も、ルイ16世は高イビキで寝ていた(D-2/3)といいます。
　思い返せば、バスティーユ牢獄襲撃事件の報が入ったときも、三部会(エタジェネロー)が開催されたときも、彼は要所要所でいつも寝ていました。
　そして、処刑の前の晩も。

まったく以て、ブレない、動じない男です。
やがて、白々と夜が明けます。
彼は、断頭台(ギロチン)の前に立つと、語りはじめました。
── 余は余が告発されたすべての罪について、潔白のまま死ぬ。
余は非難される理由がないのだ。
しかし、余はそのすべての敵を赦(ゆる)す。
余の血がフランス国民に有益ならんことを、
また、神の怒りを鎮(しず)めんことを切望する！
そして ………（D-3/4）

意外にも、"ルイ＝カペー"が「王の威厳」をまとって堂々とした演説をはじめたことに驚いた革命政府は、太鼓を打ち鳴らして、彼の言葉を掻き消してしまいます。
民衆が、国王の演説に心打たれ、「刑をやめろ！」と騒ぎ出すことを懼(おそ)れたためです。
1793年1月21日 午前10時22分。
こうしてルイ16世は辞世すら言わせてもらえず、断頭台(ギロチン)の露と消えました。
享年38。

辞世句くらい
最後まで
しゃべらせてよ…

ダメだ！
あんまりいいセリフを
吐かれると、国王派への
支持が高まる可能性がある！

Column 動じない王

　ルイ16世が君主として「暗愚」であったことは間違いないでしょう。

　しかしその一方で、彼は「ひょっとして、このお方は大人物では？」と思わせる言動を取ることがあります。

　それは、彼が「物事にいっさい動じない」ということ。

　十月事件のときも、ヴァレンヌ逃亡事件のときも、八月十日事件のときも、処刑が知らされたときですら、ルイ16世は平静でした。

　ふつうに考えて、これは凡人ではなかなかできないことですから、じつはここにこそ、ルイ16世という人物を見誤る原因があります。

　では、彼が「大人物」かというと、彼の君主としての仕事ぶりを検証してみれば、どこからどう見ても典型的な「暗愚」です。

　一見矛盾するように見える事実をどう解釈すればよいのでしょうか。

　ここからは筆者の私見ですが、おそらくルイ16世は、「与えられた境遇(きょうぐう)はすべて無条件で受け容れる」という気質が骨の髄(ずい)まで染みついてしまっていたのではないか、と推察しています。

　彼は、この世に生まれ落ちて以来、何ひとつ自分の思い通りになることがない宮廷生活を強(し)いられてきました。

　朝起きてから寝るまで、一挙手一投足、食事の作法から、トイレの時間、発する言葉の一言一句まで「しきたり」通り、「王の御意(ぎょい)」のままに行動することしか赦(ゆる)されません。

　物心つく前からこうした生活を強(し)いられた結果、彼の心は病み、鎖(とざ)され、心を保つ〝唯一の処世術〟として生まれたもの、それが「与えられた境遇はすべて無条件で受け容れる」だったのではないでしょうか。

　だから、王となっても、周りから何を言われようが「善(よ)きに計(はか)らえ」。

　彼が「狩り」と「鍵作り」に没頭したのも、それが彼の心が解き放たれる唯一の時間だったからではないでしょうか。

　まさに断頭台(ギロチン)の前に立たされたときですら、ひょっとしたら、彼の心境は「善(よ)きに計(はか)らえ」だったのかもしれません。

第4章　ジロンド政府

第7幕

自らが招いた危機
第1次対仏大同盟

「ルイ16世、断頭台(ギロチン)に散る!」
この報は全欧に激震をもたらし、ただちに「対仏大同盟」が結成され、イギリスを筆頭にヨーロッパの主要国はこぞってこれに加わり、革命政府を倒さんとする。革命政府は対応に追われるが、つぎつぎ打ち出される弥縫(びほう)策がどんどん状況を悪化させていくことになる。

〈第1次対仏大同盟〉

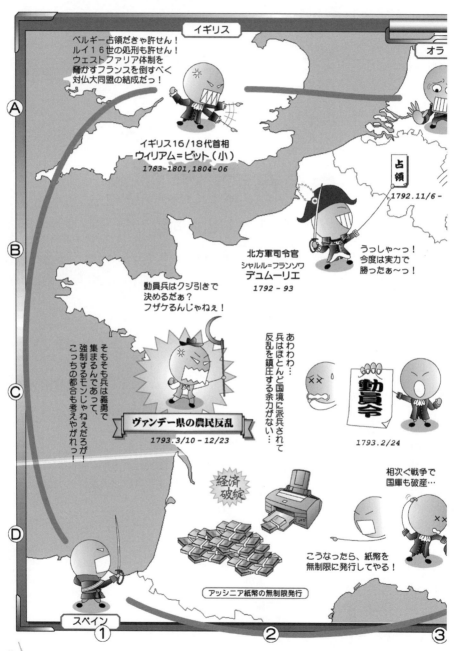

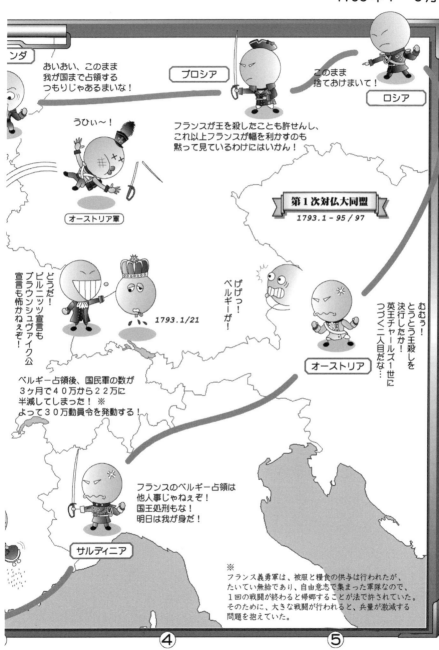

フランス王、国民に殺さる！(B-4)
　その報（ニュース）は、ヨーロッパ全土を震撼（しんかん）させます。
　なんとなれば。
　当時、フランス以外のヨーロッパの主要国はすべてが君主国。(＊01)
「フランス国民が自分の国の王を殺しただけだから、我が国には関係ないや」
…では済まされません。
　たとえ他国の出来事であっても、「国民が王様を殺す」という事態を放置すれば、そうした危険思想が自国に蔓延（まんえん）しかねないからです。

どうだ！ピルニッツ宣言もブラウンシュヴァイク公宣言も怖かねぇぞ！

―― おい、聞いたか！？
　フランスじゃ、気に入らない王様の首を叩き落としたんだってよ！？
―― おぉ、そいつは痛快だ！
　じゃ、俺たちもフランスのように、王様を殺してしまおうじゃないか！
　そんな事態にならないためにも、こんな大それたことをしでかした政府をただちに滅ぼさねば！

―――――――――――――――――――――――――――――
（＊01）1793年当時のヨーロッパで、フランス以外の共和国といえば、サンマリノ・ヴェネツィアなどのイタリア諸小国や、オランダ・スイスくらいで、ヨーロッパの国際外交に大きな影響力を持つ"主要国"としてはフランスが唯一の共和国でした。

そこで、当時イギリスの首相であった　Ｗ．ピット<ウィリアム>（＊02）（A-2）が提唱して結成された国際的軍事同盟が「第１次対仏大同盟」（＊03）（A/B-5）です。
　しかしながら。
　その盟主たるイギリスは、ほんの150年ほど前に自国の王（チャールズ１世）の首を斧で打ち落としたお国柄です。
「他国のことを言えた義理か！」
…とツッコみたくなりますが、当時のイギリスは王国に戻っていましたし、何より、イギリスが今回の同盟の旗頭となった"本当の理由"は、別なところにありました。
　開戦当初、連戦連敗だったフランスでしたが、あの「ヴァルミーの戦」以後、自信を取り戻し、今度こそ"実力"で戦勝しはじめていました。（＊04）
　その結果、ルイ16世を処刑する直前（1792年11月）には、デュムーリエ将軍（B-2/3）率いるフランス軍が、ベルギーを占領することに成功。

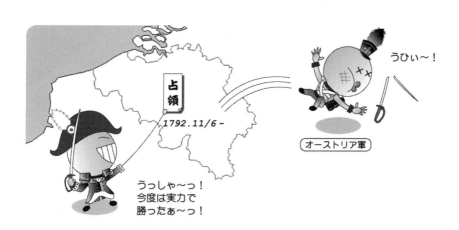

(＊02) 所謂「小ピット」です。彼と彼の父は、親子して同姓同名（ウィリアム＝ピット）のうえ、地位まで同じ（首相）であったため、年功序列で「大」「小」を頭に付けて区別します。

(＊03) 以後、フランス（革命政府〜ナポレオン政府）が屈服するその日まで、4次（数え方によっては7次）にわたって幾度となく生まれては消え、消えてはまた生まれていきます。

(＊04) 戦いに勝つことにおいて、「自信」というものが如何に大切であるかを物語っています。

ベルギー陥つ！

　当時ベルギーの支配者だったオーストリア（B/C-5）はショックを受けますが、じつは、それ以上にイギリスが危機感を感じていました。
　なんとなれば、ベルギーが陥ちたとなれば、つぎはその北のオランダ（A-3）が危ないからです。
　当時、イギリスはオランダと深い経済的関係にありましたから、万が一にもオランダがフランスの手に陥ちれば、経済的打撃は計り知れません。
　つまり、イギリスにとって、「国王処刑」は口実であって、本当の理由は「オランダ死守」だったのです。
　こうして、すでに交戦状態にあったオーストリア・プロシア（A-4/5）・サルディニア（C/D-3/4）はもちろん、危機感を募らせるオランダに加え、革命思想の波及を懼（おそ）れるロシア（A-5）・スペイン（D-1）らが参加して、いわば"フランス大包囲網"が形成されます。
　しかし。
　こうした包囲網は、かえって敵の結束を固くするものです。(＊05)
　フランスは、この戦いに敗北すれば、革命は抹殺（まっさつ）され、国王処刑に賛成した者たちはことごとく誅殺（ちゅうさつ）されてしまうでしょう。
　当時、国民公会（コンヴェンシオン　ナシオナール）議員であったＰ．Ｆ．Ｊ．（フィリップ　フランソワ　ジョゼフ）ルバが叫びます。
「王を殺したことで、我々の退路は断たれた！
　もはや好むと好まざるとに関わらず、革命の道を前進するしかない！
　"自由か、しからずんば死か"。(＊06)
　我々は、今こそ、この言葉をよく噛（か）みしめなければならない！」

（＊05）たとえば、ロシア革命を成功させたソ連に対して、欧日諸国が「対ソ干渉戦争」を仕掛けましたが、それがかえってソ連の結束を固めてしまい、「むしろ対ソ干渉戦争なんかしなければ、ソ連は勝手に自滅していただろう」とすらいわれています。孫子の兵法にもあります。
「囲む師は闕（か）く」と。詳しくは、本幕コラムを参照のこと。

（＊06）アメリカ独立戦争時のＰ．ヘンリーの言葉。

とはいえ。

フランス側にも、なかなか結束しにくい事情がありました。

フランス軍はあくまでも「義勇軍」です。

義勇軍というのは、愛国心に燃えて自由意志で集まってきている一般市民(シトワイヤン)たちですから、銃火器や糧食さえ与えれば、俸給などもらわずとも無償で戦ってくれます。

しかし。

それゆえに「連戦」「転戦」を強いるわけにはいきません。(D-5)

無給で戦う彼らには"生活"がありますから、あまり長く故郷(くに)を留守にするわけにはいかないのです。

したがいまして、ひとつの合戦が終われば、彼らは帰郷していきます。(＊07)

つまり。

フランス軍は、一度大きな合戦が行われると、その合戦に参加した兵が一斉に故郷(くに)に帰ってしまうため、ごっそり兵力を失ってしまうという構造的欠陥を抱えていたのです。

今回、ベルギー戦線やイタリア戦線で勝利し、ベルギー・ニース・サヴォイ

ヴァンデー県の農民反乱

そもそも兵は義勇で集まるんであって、強制するモンじゃねぇだろうがこっちの都合も考えやがれっ！

動員兵はクジ引きで決めるだぁ？フザケるんじゃねぇ！

(＊07) それは、法的にも保障されていました。
　　　もし、一度でも「義勇軍に参加したが最後、連戦・転戦させられて、故郷に戻れなくなる」なんて事態が恒常化すれば、もう二度と義勇兵が集まらなくなってしまうからです。

などを手に入れることに成功したものの、それゆえに、これに参戦した義勇軍が一斉に帰郷し、40万いた国民軍の数が一気に22万にまで減ってしまっていました。
　こうした状況の直後に生まれたのが、第1次対仏大同盟です。
　フランス国境がぐるりと「敵軍」で包囲され、どれだけ兵がいても足りない状態となったのに「兵力半減」では、このまま一気に前線が崩壊しかねません。
　動揺した革命政府は、決断します。
「もはや義勇軍などに頼ってはおれん！
　30万動員令を発動する！（C-3）
　しかも、一刻の猶予もない！
　効率化のため、動員される者、されない者の線引きはクジで決める！」
　しかし、これには国民は怒り心頭。（＊08）
──なんだ、それは！？
　そもそも兵は義勇で集まるもんであって強制されるもんじゃねぇだろが！！
　しかも、クジ引きで決めるたァ、どういう了見だ！？
　こっちにも都合っつぅもんがあるんだぞ！！
　こうして、ヴァンデー県を中心に農民反乱が発生してしまいます。（C-1/2）

あわわわ…兵はほとんど国境に派兵されて反乱を鎮圧する余力がない…

動員令

ベルギー占領後、国民軍の数が3ヶ月で40万から22万に半減してしまった！よって30万動員令を発動する！

（＊08）そもそも、こたびの革命は、「圧政に対する自由の獲得のため」に起こったものです。したがって、この革命政府を守る兵も「自由意志」に拠るものでなければなりません。それが「クジ引きによる強制徴兵」となれば、「何のための革命政府だ？」となります。

まさに内憂外患！
相次ぐ戦乱に、アッという間に国庫は破産状態。(D-3)
すると、革命政府は「アッシニア紙幣の無制限発行」を決定。(D-2)
嗚呼！
そんなことをしたら、ハイパーインフレーション … いえ、それどころか、スタグフレーションとなってしまうことは火を見るより明らか！(＊09)
もう、革命政府のやることなすこと、つねに「行き当たりばったり」。
気に入らないから王様なんか殺しちゃえ！
殺してみたら、第1次対仏大同盟が生まれちゃった。
兵が足らなくなったから、動員令を発動だ！
そしたら、ヴァンデー県の農民反乱が起こっちゃった。
そんなこんなでお金がなくなっちゃった？
じゃあ、アッシニア紙幣を無制限に発行しろ！
まさに"ドシロート集団"に政府を任せた結果の悲劇でした。

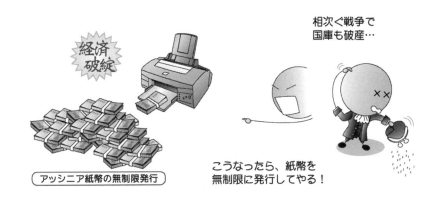

(＊09) インフレーション　　：物価は上がるが、景気もよくなっている状態。
　　　 デフレーション　　　：景気は悪くなっているが、物価も下がっている状態。
　　　 スタグフレーション：景気が悪くなる一方なのに、物価は上がり続ける状態。
　　　 インフレやデフレでは、社会や経済が混乱することはあっても、それによって国が滅びることはまずありませんが、スタグフレーションに陥った国は、遠からず亡びます。

Column　囲む師は闕く

　敵を倒さんと、大軍を以て大包囲網を築き、袋叩きにする。
　対仏大同盟のようなこうしたやり方は、「敵を確実に殲滅するため」という目的において、効果的な気がするものです。
　しかし。
　歴史を紐解けば、こうしたやり方は思いの外うまくいきません。
　窮鼠猫を噛む。
　囲まれ、退路を断たれた者は、それこそ命懸けとなって、必死の抵抗を試みてくるからです。
　例を挙げれば枚挙に遑がありませんが、たとえば、羽柴秀吉ｖｓ明智光秀の「山崎の合戦（天王山の戦）」において、後退した明智軍が勝竜寺城に立て籠もったときのこと。
　軍師の黒田官兵衛が秀吉に進言しています。
「殿。勝竜寺城を完全に包囲するのは愚。
　囲む師は闕く、と申します。
　わざと包囲の一部を解いておくのがよろしいかと…」
　すると、官兵衛の思惑通り、勝竜寺城の兵はわらわらとここから逃げ出しはじめ、明智軍はアッという間に崩壊しました。
　逆に。
　江戸時代に入って、島原に３万前後の百姓が立て籠もったときのこと。
　これを陥とすために、島原に結集した幕府軍は、なんと１３万近く。
　これは、「関ヶ原の戦」での東西両軍にも匹敵するほどの大軍でしたが、幕府軍は百姓を相手に手を焼き、甚大な損害を出すことになります。
　それもこれも、「完全包囲」をして敵の退路を断ったため。
　何事も相手を追い詰めてはなりません。
　信長にはどうしてもこれが理解できませんでした。
　そのため彼は、延暦寺・一向宗・本願寺でこれを犯して窮地に陥り、最後は、明智光秀を追い詰め過ぎて、本能寺に散ることになりました。

第5章　ジャコバン独裁

第1幕

熾烈な抗争の末に
ジロンド追放

事態は悪化の一途をたどっているというのに、「ただ待つのみ」と何ら対処しようとしない無能ジロンド政府。「この国難にあって、何もしないのは犯罪である！」怒り心頭の山岳派(モンターニュ)たちの怒号が渦巻く。そうした中、「パリは絶滅されるであろう！」の失言が合図となり、ジロンドの追放劇が始まる。

ひぇぇぇぇ～っ！
しまった、言いすぎたか！

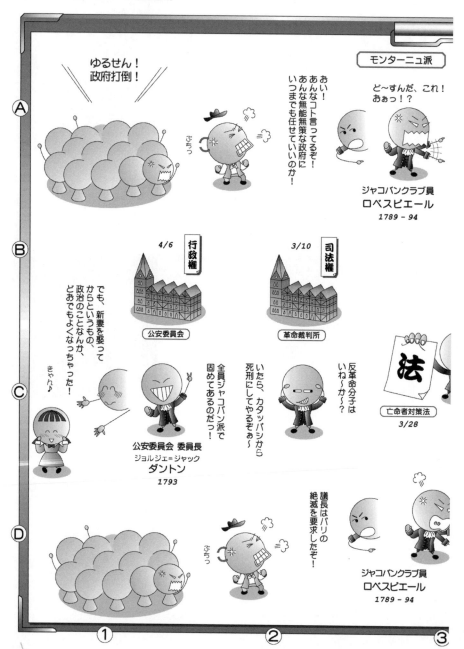

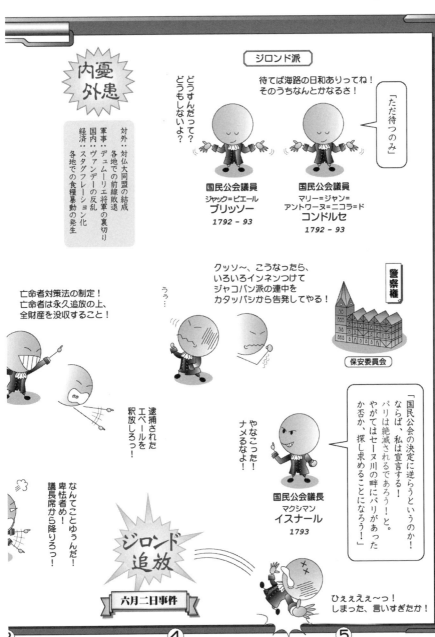

国境はぐるりと敵国に囲まれ、兵も金(カネ)もどれだけあっても足らないのに、国内ではヴァンデー県の農民反乱が勃発、国庫は破産状態。
経済はスタグフレーションを起こし、各地で食糧暴動が頻発(ひんぱつ)。(A-3/4)
もはや国家自体が仮死状態となりつつあったのに、「こんなときだからこそ攻勢に出るべきである！」と主張する軍人が現れます。(＊01)
それが、前幕でベルギー併合に活躍したＣ．Ｆ．(シャルル フランソワ)デュムーリエ将軍。
しかし、彼のゴリ押しで決行されたムチャな大攻勢は、案の定、壊滅的敗北を喫し、狼狽(ろうばい)した政府は「革命裁判所」を設立(B/C-2)して、国内の引締(ひきしめ)を強化せざるを得なかったほど。
敗走を重ねたデュムーリエ将軍は、自己の敗戦責任の回避のために、あろうことか「政府転覆」を目論(もくろ)み、パリへと進軍しようとします。(＊02)
しかし、これにはデュムーリエ麾下(きか)の兵がビックリ！
── これからパリへ進撃？　政府を転覆するため！？
　　なんでそうなるんだ！？

モンターニュ派

ジャコバンクラブ員
ロベスピエール

(＊01) 新たな征服地に対する収奪によって事態の打開を図ろうとする安直なもの。
　　　こうしたやり方がうまくいくことはほとんどありません。

(＊02) これを「デュムーリエ将軍の裏切り」と言います。(A/B-3/4)

兵はデュムーリエ将軍に従わなかったどころか、彼を「革命の裏切者」として命すら狙ったため、彼はそのままオーストリアに亡命しました。(＊03)

今回は事なきを得たとはいえ、敵軍が国境を越えはじめ、危機的な状況にあることに変わりありません。

ジロンド政府はさまざまな打開策を講じなければならないところです。

ところが。

ここで政府は驚くべき言葉を発します。

「嵐が過ぎ去るまで、ただ待つのみ」(A-5)

なんと、何の策も講じないという。

国家の危機にあって何の策も講じないとは、何のための政府か。(＊04)

「この国難にあって"何もしない"というのは、犯罪である！」

ここから山岳派とジロンド派の対立は鮮明化し、両者は熾烈な抗争を繰り広げることになります。

まず、先手を打ったのは山岳派。

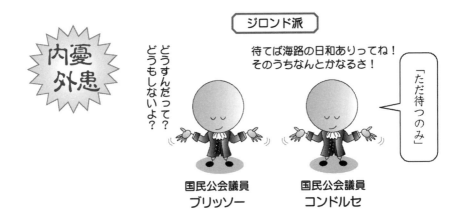

(＊03) このあたりの状況は、ラ＝ファイエット将軍が亡命した経緯とよく似ています。

(＊04) このときのジロンド政府の態度は、1930年代初頭のアメリカ合衆国大統領Ｈ．Ｃ．フーヴァーの政策を彷彿とさせます。世界大恐慌のまっただ中にあって、彼もまた、あくまでも自由経済を重んじ、「ただ待つのみ」の姿勢を貫こうとし、事態の悪化を招きました。

3月28日には、「亡命者対策法」(＊05)(C-3)を制定させ、
4月6日には、山岳(モンターニュ)派の権力基盤として「公安委員会」(B/C-1)を設置。ジロンド政府も反撃に出ます。
4月13日には、暴動の煽動者として、マラーを逮捕。
5月18日には、エベールを逮捕。
　これに対して、山岳(モンターニュ)派とその支持者が、エベールの釈放を求めて公会(コンヴェンシオン)に押しかける(C-4)や、公会(コンヴェンシオン)議長M(マクシマン).イスナールが言い放ちました。
──諸君らは国民から信任を受けた政府、公会(コンヴェンシオン)の決定に逆らうというのか！
　ならば、私は宣言する！　パリは絶滅されるであろう！…と。(C/D-5)
　これにパリは蜂の巣を突ついたような騒動に。
「おい、聞いたか！？
　公会(コンヴェンシオン)の議長イスナールが"パリの絶滅"を要求したぞ！！」
　ロベスピエールも、ここぞとばかり、煽(あお)ります。
「今こそ、腐敗した議員を公会(コンヴェンシオン)から叩き出すため、蜂起せよ！」
　6月2日、8万もの国民衛兵(ガルドナシオナール)と60門の大砲が公会(コンヴェンシオン)を包囲し、市民(シトワイヤン)の監視…というより脅迫の下(もと)、ジロンド議員追放の決議が下ります。
　アッという間の追放劇(六月二日事件)でした。(D-4)

やなこった！
ナメるなよ！

「国民公会の決定に逆らうというのか！
　ならば、私は宣言する！
　パリは絶滅されるであろう！と。
　やがてはセーヌ川の畔にパリがあったか否か、探し求めることになろう！」

国民公会議長
イスナール

(＊05)「その時点で亡命している者は、その全財産を没収し、帰国すれば死刑とする」という法律。亡命者はほとんど上流階級なので、国内に莫大な資産(ほとんど不動産)を残していたため、これを国家収入としようとしたもの。

第5章　ジャコバン独裁

第2幕

きっかけは、マラー暗殺

ジャコバン独裁体制整備

ついに山岳派政権は生まれた！　しかし…。前途は多難であるにも関わらず、議員は素人ばかり、そのうえ山岳派の支配基盤は脆弱であった。そんな彼らが政権を維持する唯一の手段は「恐怖政治」、それ以外にありえない。ロベスピエールは、着実に「独裁」への準備を進めていくことになる。

〈ジャコバン独裁体制整備〉

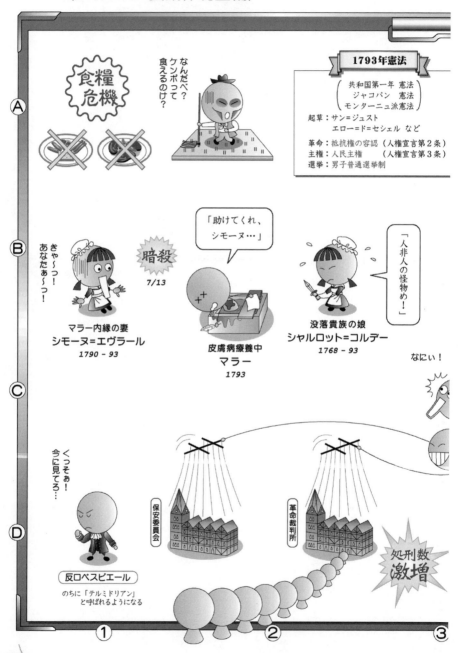

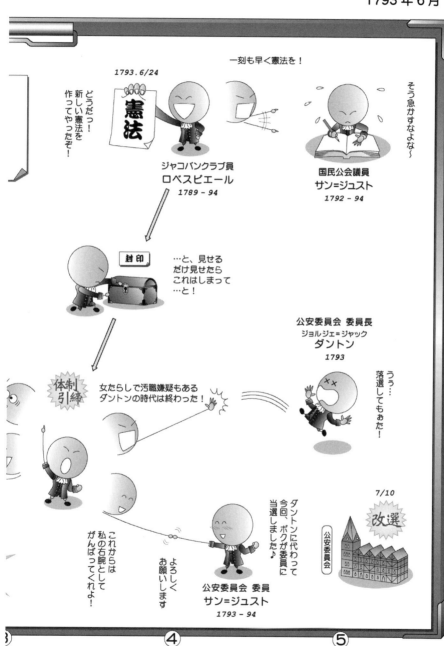

こ　こまでつねに"野党的立場"に甘んじていた山岳(モンターニュ)派が、時流に乗り、市民(シトワイヤン)を煽動(せんどう)して、ついに与党ジロンドを国民公会(コンヴェンシオン ナシオナール)から追放することに成功しました。

　ここから革命は、一気に絶頂(クライマックス)に向かいます。

　そこで。

　ここで一度立ち止まり、もう一度、ここに至るまでの革命の動きを簡単に振り返ってみましょう。

- 革命が始まったばかりのころに生まれたのが「国民議会(アサンブレ ナシオナール)」で、
  これを牛耳っていたのは、上流階級を支持基盤とするフィヤン派でした。
  （〜第3章）
- しかしその後、1791年憲法の発布とともに「立法議会(アサンブレ レジスタチブ)」に切り替わると、
  それに伴って、ほどなく中産階級を支持基盤とするジロンド派に代わり、
  （第4章）
- さらに政治の混乱の中で、政府が「国民公会(コンヴェンシオン ナシオナール)」に改組されると、
  まもなく下層階級を支持基盤とする山岳(モンターニュ)派の天下となりました。(＊01)
  （本章）

　これをさらにわかりやすく一言でいえば、

（＊01）議員数だけでいえば、平原派議員の方が圧倒的に多かったのですが、彼らには一定のポリシーも政界を動かそうとする意志も野心もなく、ただ勝ち馬に乗って、議員のウマ味を享受（汚職）することしか頭にない連中がほとんどでしたので問題になりませんでした。

- まずは、フィヤン(上流階級)がしくじり、
- つぎに、ジロンド(中産階級)が転け、
- 最後に、山岳(モンターニュ)(下層階級)が立った。

…となり、革命が一歩進むごとに、革命を担う階級が一段階ずつ下層化していっていることがわかります。

つまり、山岳(モンターニュ)派は「革命派最後の砦(とりで)」といってもよく、ここで山岳(モンターニュ)まで失敗したとなれば、革命派は"上から下まで"全滅、ということになります。

そうなれば、

「革命政府にはフィヤン・ジロンド・山岳(モンターニュ)と、三度(みたび)チャンスを与えた！

しかし、革命によって世の中はよくなったか！？」

「ブルボン朝時代、たしかに生活は苦しかったが、生きていけた。

それが革命以降は死屍累々(ししるいるい)、革命の理想の犠牲になって、どれだけ多くの人が死んでいったかしれないが、世の中ちっともよくならないではないか！」

「こんなことならブルボン王朝の時代の方がまだマシだった！」

…と、"革命の全否定"にもつながりかねません。

その意味でも、革命の"トリ"を務めることとなった山岳(モンターニュ)派の責任は重大です。

さようなわけで、今回、山岳(モンターニュ)派が政権を手に入れたとはいえ、たいへんなのは、むしろこのあとであって、喜んでいる場合ではありません。

さすがにロベスピエールも、そうした自覚があってかなくてか、クーデタ直後にこう吐露(とろ)しています。

「我々がほんとうにこの事業を完成させるためには、

これから寝食を忘れて働かねばならない！」

しかしながら。

結論を先に申せば、「革命派最後の砦(とりで)」たる山岳(モンターニュ)派の政策がうまくいく可能性は、最初からほとんどありませんでした。

その理由のひとつが、山岳(モンターニュ)派の支持基盤が"下層民(サンキュロット)"だったことです。

下層民というものは、いつの世も、政治も経済も理解できず、時代も見えていないため、後先考えずに、ただ鬱積した不満を感情の赴(おもむ)くままに爆発させることが多い過激(ラディカル)な連中です。

この難局にあって、そんな連中を制御(コントロール)するのは至難の業(わざ)です。
　それを成し遂げるためには、山岳(モンターニュ)派議員たちに、それこそ諸葛亮(しょかつりょう)やO.ビスマルク張りの政治手腕が要求されますが、すでに見てまいりましたように、彼らは政治家として"ズブの素人(シロート)"ばかり。
　これでは、小学生に戦闘機のメカニック整備をさせて、「飛ばせ」と言っているようなものです。
　これまで山岳(モンターニュ)派がやってきたことといえば、野党の立場から、与党のやること為(な)すこと、ことごとく反対し、非難し、口汚く罵詈雑言(ばりぞうごん)を囃(はや)したて、揚げ足をとってギャーギャーと喚(わめ)き散らし、政治の何たるかも知らぬ下層民(サンキュロット)の人気を取ってきただけのことです。
　そんなことなら、誰にでもできます。
　問題は、「そんな大口を叩いて相手を攻撃してきた自分が、いざ、その立場に立ったとき、その職責を全(まっと)うすることができるのか？」(＊02)

ヴァンデー県の農民反乱

(＊02) 政治に限らず、民間でもなんでも、そうした「批判者（野党）」がひとたび「批判される側（与党）」に立ったとき、まともな能力・才覚を発揮することはまずありません。
　ほんとうに能力のある者は、「批判される側」の苦労・困難・重責が理解できるため、「的を射た批判」をすることはあっても、「何でもかんでもとにかく反対！」「むやみに相手を誹謗中傷」しないからです。

…ということです。

　与党となった今こそ、山岳(モンターニュ)派はその"度量"が試されるときでした。

　しかし、その目の前にはだかった試練は、彼らにはあまりにも重過ぎました。

　対外的には、まだ「対仏大同盟」との戦(いくさ)はつづいており、しかも、敗走をつづけていましたから、山岳(モンターニュ)政権に与えられた最初の試練は、一刻も早く、この戦況を好転させることです。

　しかし。

　そのためには、国内の各勢力が"挙国一致"して当たらねばならぬというのに、このころになると、"いつまで経っても終わりの見えない革命"に失望する者、革命政府による"王殺し"を嫌悪する者が増えはじめ、こうした世論に反革命分子が力を得てきていました。

・さきに追放されたジロンド派は、地方に潜(もぐ)って叛乱を煽動(せんどう)し、
・「ヴァンデー県の農民反乱」は収まるどころか猖獗(しょうけつ)を極(きわ)め、
・一時は政権から遠ざけられていた王党派がトゥーロン港で蜂起する

…と、国内はガタガタ。

　文字通りの「内憂外患」。 (＊03)

(＊03) このような一連の状況を「八月危機」と言います。

山岳(モンターニュ)派は、政権を獲(と)った早々、国家存亡の危機に直面、大きな決断に迫られます。
　「まずは平静を！　しかるのち改革を！」(＊04)
　そこで、山岳(モンターニュ)派がまず最初に取りかかった事業が「新憲法の制定」でした。
　現行の憲法「1791年憲法」は、"立憲王制"を前提としてフィヤン派が作ったもの。
　共和国となった今、一刻も早く「共和国憲法」を作る必要があったこと、また、これを示すことで、新政権への信頼と国内の結束を図るためです。
　そうして生まれたものが、サン＝ジュスト(A-5)やH．ド＝セシェル(エロー)らによって起草された「1793年憲法」(＊05)(A-3)です。
　その内容は、以下の通り、きわめて前衛的なものでした。
・抵抗権(革命権)の容認　(「人権宣言」第2条の憲法化)
・人民主権　　　　　　　(「人権宣言」第3条の憲法化)(＊06)
・21歳以上の男子普通選挙に基づく直接民主制
・奴隷制の廃止

一刻も早く憲法を！

ジャコバンクラブ員
ロベスピエール

国民公会議員
サン＝ジュスト

(＊04) 20世紀初頭、ロマノフ朝ロシア帝国の改革を担ったP．A．ストルイピンの言葉。
　　　何はともあれ国内の混乱を鎮めたあとでなければ改革もままなりません。
(＊05) 「共和国第一年憲法」とも「ジャコバン憲法」とも「モンターニュ派憲法」とも呼ばれます。
(＊06) 人権宣言では「国民主権」でしたので、微妙に違うのですが。

「人権宣言」ですら、「白人男性(オム)」だけしか権利の対象とならなかったのに、それをさらに推し進めて、「奴隷」にまで踏み込んでいます。(＊07)

　しかし。

　人民主権はまだしも、「直接民主制」だなんて、古代ギリシア都市国家(ポリス)じゃあるまいし、領域国家ではあまりにも理想論過ぎて、現実的ではありません。

　極めつけが「抵抗権（革命権）の容認」。

　抵抗権というのは、

　「政府に不満があれば、いつでも叛乱・革命を起こしても構いませんよ。

　政府は、これを弾圧もしないし、罪にも問いませんよ」

…というものです。

　国内では、各地で叛乱の嵐が吹き荒れている真っ最中だというのに、そんなものを認めてしまってよいのか？

　しかし、心配にはおよびません。

　ロベスピエールは、この新憲法を公布した瞬間、

　「ただし！　平和の到来まで、本憲法は無期限延期する！」

…と宣言、いきなりこれを封印してしまいます。(＊08)（B-3/4）

　まさに"言うだけ憲法"。(＊09)

（＊07）もっとも、依然として女性には権利が与えられていませんが。フランスが初めて法的に女性参政権を認めたのは1944年、それが実施されたのは1945年になってからです。

（＊08）そして、永久に実施されることはありませんでした。

（＊09）口先だけで実行の伴わない人物を「言うだけ番長」と言いますが、その憲法版。

さあ、憲法は成った！（実施するつもりはないけど）

つぎに、体制の引締(ひきしめ)だ！（C-3/4）

じつは、山岳(モンターニュ)派の支配はたいへん脆弱(ぜいじゃく)で不安定なものでした。

ジロンド派（150議席）を公会(コンヴェンシオン)（全750議席）から追い出したとはいえ、依然として圧倒的多数を占めているのは、平原(プレーヌ)派（500議席）です。

日和見(ひよりみ)の平原(プレーヌ)派は、今でこそ市民(シトワイヤン)の支持を背景にした山岳(モンターニュ)派にすり寄っていますが、日和見(ひよりみ)だからこそ、いつ何時(なんどき)、そのケツをまくるか、知れたものではありません。

こうした不安定な政権が、国家を牽引(けんいん)していくためには、好むと好まざるとに関わらず、方法はひとつしかありません。

「独裁(ディクタチュール)」です。

その第一歩は、身内のダントンから始まりました。

ダントンは、国王処刑のころから"革命の行き過ぎ"を懸念しはじめ、

「これまでの革命的活動を悔(く)いている」

…などと発言しはじめる有様。(＊10)

(＊10) そもそもダントンはルイ16世の処刑に反対でした。（立場上「賛成票」を投じていますが）国王処刑を止めることができなかった無力感から、その後、ダントンは急速に革命に対する意欲を失いはじめ、まもなく父娘ほど歳の離れた16歳の娘と再婚（1793年6月）し、それ以降は、革命そっちのけで彼女に溺れるようになっていきます。

そのことが彼の命取りとなっていくのですが……。

第２幕　ジャコバン独裁体制整備

　まずは、フヌケとなったダントンから「公安委員会委員長」の地位を剝奪（C-5）し、その後釜に、自分の右腕・サン＝ジュストを据えます。（D-4/5）
　ところが、そのわずか３日後、山岳派三巨頭のひとりであった「マラー暗殺！」（B-2）の報が飛び込んできました。(＊11)
　このころのJ．P．マラーはすでに"過去の人"だったため、彼が殺されたところで大勢に影響はありませんでしたが、これにより、山岳派は、恐怖政治の絶好の口実を得ます。
　当時、山岳派のうちでは、こんなことが囁かれたものです。
「生きているマラーにはもう用はなかったが、
　"過去の栄光"があったため、扱いにくい存在となっていた。
　最後に死んで役に立ってくれたわ！(＊12)」
…と、陰口を叩かれる有様。
　暗殺犯の意図とはまったく逆に、これを契機として、フランスには「恐怖政治」の嵐が吹き荒れることになります。（D-2/3）

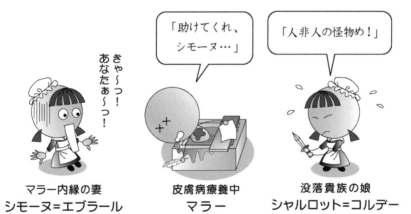

マラー内縁の妻
シモーヌ＝エブラール
「きゃ〜っ！あなたぁ〜っ！」

皮膚病療養中
マラー
「助けてくれ、シモーヌ…」

没落貴族の娘
シャルロット＝コルデー
「人非人の怪物め！」

（＊11）詳しくは、次ページのコラム「マラーの最期」をご覧ください。
（＊12）伊藤博文が暗殺されたとき、大隈重信が似たような言葉を発しています。

Column　マラーの最期

　1793年7月13日。
　ひとりのうら若き美しい女性がＪ.Ｐ.(ジャンポール)マラーの家の戸を叩きました。彼女の名はシャルロット＝コルデー。
　当時、マラーには暗殺の噂が絶えなかったので、戸口で迎えた内縁の妻シモーヌ＝エヴラールも来訪者には、細心の注意を払っていましたが、彼女の性別、年齢、上品な態度やその佇(たたず)まいなどから、何の疑いもなく彼女を通してしまいます。
　当時のマラーは重度の皮膚病を患(わずら)っており、薬湯のお風呂に浸かって物書きをしているところでした。
「なんでも、カーン（地名）に潜伏しているジロンド残党どもの動向を
　知っているそうだな？」
——はい。
「よろしい。詳しく教えたまえ」
　彼女がその詳細を語ると、その内容を走り書きしたマラーは喜び、
「よし！
　一週間以内に、こいつら全員、断頭台(ギロチン)だ！」
　その言葉が終わるか終わらないうちに、彼女の懐から出された短刀がマラーの胸に深く突き刺さります。
——この人非人(にんぴにん)の怪物め！
　　　覚えたか！
　彼女は、政治のことなど何もわからぬ田舎の小娘でしたが、カーンの地で、ジロンド派議員たちの口にする山岳(モンターニュ)派への怨(うら)み節を何度も聞かされているうちに、彼らの言葉を鵜呑(うの)みにしてしまい、
「マラーこそが諸悪の根源！　あいつさえ殺せば、すべて丸く収まる！」
…と本気で信じ込んでしまっていたのでした。
　薄れゆく意識の中で、マラーは息絶え絶えに助けを呼んでいます。
「助けてくれ…　シモーヌ…」

第5章　ジャコバン独裁

第3幕

ギロチンの下の自由
ジャコバン独裁政治

独裁権を握ったロベスピエールは、己が理想とする新政策をつぎつぎと打ち出す。しかし、事態は一向に改善されず、それどころか、悪化の一途をたどる。「なぜこうも何もかもがうまくいかないのだ！」彼は己が無能に気づくことなく、その原因を反革命分子の妨害と決めつけ、恐怖政治を加速させていく…。

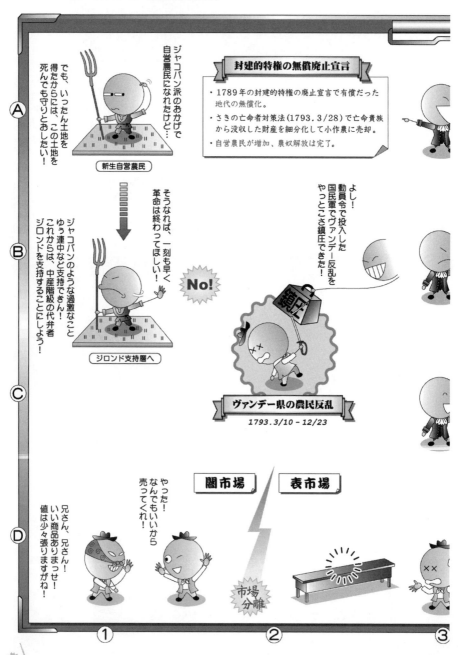

当時、山岳派の「三巨頭」と言われていたのが、Ｊ．Ｐ．マラー、Ｇ．Ｊ．ダントン、そしてＭ．Ｆ．ロベスピエールでした。

しかし。

マラーは24の田舎の小娘に暗殺されて今は亡く。

ダントンもまた、16の小娘と再婚してからというもの、革命家としてはすっかりホネ抜きとなっていました。

自然、ロベスピエールに権力が集中することになります。

そこで、ロベスピエールは、かねてより抱懐してきた政策をぞくぞくと実行に移していきます。

まずは、「封建的特権の廃止宣言」。(A-2)

すでに1789年、エギヨン公爵やノアイユ子爵らによって出された宣言（＊01）と同じ名前ですが、じつは中味が違います。

すでに見てまいりましたように、1789年版の「封建的特権の廃止宣言」はきわめて不徹底なもので、「地代の廃止は有償」でした。

しかも、その額がベラボーに高い！（＊02）

（＊01）本書「第２章 第３幕」を参照のこと。

（＊02）年貢の20〜25年分を前納一括。
その年の年貢も支払えず飢餓状態にあった農民に支払えるはずのない額でした。

そんな地代、貧農などに払えっこありません。
あれは単なるその場しのぎの"御為ごかし"にすぎませんでした。
そこで、ロベスピエールは「地代も無償で廃止！」として、本当の意味で、貧農たちを解放してあげたのです。
これには、貧農たちが熱狂します。
── さすが、我らがロベスピエール様！！
── これでようやく俺たちも、夢にまで見た自営農民だ！！（A-4/5）
こうして、ロベスピエールは、自分の支持基盤である貧農たちを自営農民に押し上げて、たいそう喜んでもらったのですから、これによって山岳派の支持基盤は一層盤石となったのでしょうか。
じつは、逆です。
これにより、山岳派は、ごっそり支持基盤を失うことになります。
なんとなれば、ひとたび「自営農民」となった彼らは、
「今回手に入れた土地は死んでも手放したくない！」（A-1）
「こうなったら、革命騒ぎなど一刻も早く終わってほしい！」
「いつまでも過激なことを言う山岳派などに政権に居座ってもらっては困る」
…と、一気に保守化し（B/C-1）、ジロンドの支持基盤となっていくからです。
皮肉なことですが、ロベスピエールは、自分の支持基盤を豊かにしてあげてはいけなかったのです。

新生自営農民 → ジロンド支持層へ

ジャコバン派のおかげで自営農民になれたけど…でも、いったん土地を得たからには、この土地を死んでも守りとおしたい！

そうなれば、一刻も早く革命は終わってほしい！

これからは、中産階級の代弁者ジロンドを支持することにしよう！

「理想」ばかりに目が行き「現実」が見えない、見ようともしないロベスピエールには、そういう"政治的な理窟"がまったく理解できません。(＊03)

つぎに。

いまだくすぶっている「ヴァンデー県の農民叛乱」(B/C-2) をなんとかしなければ！

そこで、ロベスピエールは、「国民総動員令」を発令します。(B-3)

しかし、そもそも「ヴァンデー県の農民叛乱」は、ジロンド政府が出した「動員令」に反発して勃発したものです。

野党時代の山岳派(モンターニュ)は、この「動員令」を批判していたはず。

それが与党になった途端、自ら「動員令」？

それでは、火に油では？

しかし、一定の非難もあったものの、ジロンド時代の「動員令」とは違って、「金持ち優遇」の抜け道もなかったし、クジ引きでもなく、平等性を追求したものだったので、大きな反発は生まれませんでした。

これにより新たに100万の新兵を得、一応、軍事面の危機は乗り切ります。

しかし、不運なことに、この年の夏は日照りつづきで、8月末には、ふたたび食糧不足があらわれはじめ、物価が上がりつづけます。

(＊03) そもそも政治家というものは「現実」を見据えて政治を行わなければなりません。「理想」を追うこともけっこうですが、それとて、あくまでも「現実」を踏まえた上でのことです。しかし、ロベスピエールは「理想」しか見えない人でした。これは政治家としてまったく無能であることを示しています。彼の独裁が時を経ずして崩壊することは必然でした。

そこで、つぎに「全最高価格令」が発せられます。(C-3)

すべての商品の価格と賃金とを政府が統制(コントロール)しようというもので、さながら社会主義政策のような手を打ったのです。

しかし、こんなものがうまくいくはずがありません。

経済というものは化け物(モンストール)です。(*04)

たかが人間ごときの浅知恵で制御(コントロール)できる代物(シロモノ)ではありません。

おのれの理性を過信し、それを犯したとき、その者は手痛いシッペ返しを受けることになるのです。

市場というものは、人間の理解など到底およばない、社会経済全体の複雑な動きの中から"神の見えざる手"(*05)に導かれて定まってくるものであって、これを人間ごときが制御(コントロール)しようなど、おこがましいにもほどがあります。

ロベスピエールには、そんな経済のイロハも理解できず、市場価格と賃金を法で統制しようとしたのです。

そんなことをしたところで、一斉に「表市場」から商品が消え去り、「闇市(ヤミ)

(*04)「経済」というものは、中国の伝説上の神獣「龍」に似ています。
　　　龍は人間が触れなければ、沼や川の底でおとなしくしていますが、ひとたびこれに手を出したが最後、たちまち狂ったように暴れはじめ、田畑を荒らし、嵐を呼び、人間は何の抵抗もできぬまま、多くの人命が奪われることになります。経済もそれに似ています。

(*05) イギリス人経済学者アダム＝スミスの主著『国富論』の中の言葉。

場」が跋扈するだけのこと。
　何をしてもうまくいかないことに苛立ちを覚えるロベスピエール。
「なぜだ！　なぜこうも何もかもがうまくいかない!?」
──それは、あなたが無能だからです。
　隣に侍るサン＝ジュストがそう諭してあげればよかったのでしょうが、サン＝ジュストもまたロベスピエール同様無能で、ただの太鼓持ち。(＊06)
──革命がうまくいかないのは、
　　　反革命分子どもが我々の改革を邪魔しているからです！
　おのれの無能を政敵の責任に押しつけて、彼らをシラミつぶしに殺していく。
　こうして、10月10日、
「フランス政府は、平和が到来するその日まで革命的である！」
…と宣言され、これを境に「恐怖政治(テルール)」は過激化していくことになります。
　その前哨となったのはマリー＝アントワネットでした。

公安委員会　委員
サン＝ジュスト

ジャコバンクラブ員
ロベスピエール

(＊06) 偉大な業績を残した人物の横には、いつもすぐれた軍師がいるものです。秀吉に官兵衛がいたように、主君の才をつねに正しい方向へと軌道修正してあげることができるすぐれた軍師が。逆に、その横に侍る者が「ただの太鼓持ち」の場合、その主君はダメになります。筆者はサン＝ジュストを見ているといつも、秀吉をダメにした「石田三成」を思い起こします。ロベスピエールには「官兵衛」がいなかったことが不幸でした。

彼女は、エベールの陰謀により、その裁判において「8歳の息子と近親相姦をしていた」との汚名を着せられます。
あまりの下劣な告発に言葉を失った彼女にエベールがたたみかけます。
「なぜ黙っている!? 図星だからであろう!」
マリー＝アントワネットは怒りに打ち震えながらも閑(しず)かに答えます。
── 私が答弁に答えなかったのは、母たる者に加えられた、かくも下劣な告発
　に答えることを、母として、人としての本能が拒むからです!
　この法廷におられるすべての女性のみなさんに訴えます!
　私はこの下劣極まりない告発に答える義務があるのでしょうか!?
これには、マリー嫌いのパリ女(ジェンヌ)たちも拍手喝采!
エベールは形無しとなり退場しましたが、結論は最初から決まっている形式だけの"裁判"です。
結局、彼女は死刑判決を受けます。
断頭台(ギロチン)の前に立ったときの彼女は、すっかりやつれ果て、あの美しかったブロンド髪は白髪化し、見る影もありませんでした。
死への階段をのぼる途中、彼女は執行人の足を踏んづけてしまいます。
「痛(いて)!」の声に振り返って言ったひとことが彼女の最期の言葉となりました。
「あら、ごめんあそばせ。わざとではありませんのよ」

「あら、ごめんあそばせ。ワザとではありませんのよ」

赤字夫人め!思い知ったか!

マリー＝アントワネット
10/16

そのあとも、
- ジロンド派の領袖ブリッソー
- ルイ16世の「無条件処刑」に票を投じたオルレアン平等公（エガリテ）
- 「ジロンドの女王」と謳（うた）われたロラン夫人
- 「球戯場（テニスコート）の誓い」のときに、中央で宣誓した国民議会議長のバイイ
- フィヤン派の領袖バルナーヴ

…などなど、錚々（そうそう）たる顔ぶれを中心に、わずか3ヶ月（みつき）の間に177名もの者たちがつぎつぎと断頭台（ギロチン）にのぼっていきます。

彼らは、ほとんど皆、毅然（きぜん）として死に臨（のぞ）んだといいます。

しかし、そうした「毅然とした態度」は、民衆の目には「反省心もないふてぶてしい態度」と映り、そのことが「恐怖政治（テルール）」を煽る結果となった、ともいわれています。

もし、彼らが断頭台（ギロチン）の前で泣き叫んで民衆に命乞いをしていたら。

民衆の中に同情心が湧いて、これほどの惨劇にはならなかったのかもしれません。

ロラン夫人の最期の言葉は、たいへん考えさせられる言葉です。

「自由よ！（リベルテ）　汝の名の下（もと）に如何（いか）に多くの罪が犯されたことか！」

ブリッソー　　オルレアン公　　ロラン夫人　　バイイ　　バルナーヴ
10/31　　　　11/6　　　　　11/8　　　　11/12　　　11/29

第5章　ジャコバン独裁

第4幕
反革命分子を絶滅せよ
エベールとダントンの処刑

政敵はあらかた断頭台（ギロチン）へ送った。にも関わらず、一向に政治・経済は上向かない。なぜだ？ それは「獅子身中の虫（モンテーニュ）」のせいである！ そこで今度は、同志の中から断頭台へ送られる者が選ばれはじめる。それはあのエベールとダントンですら例外ではなかった。こうしてロベスピエールは孤立していくこととなる。

第4幕 エベールとダントンの処刑

1794年前葉

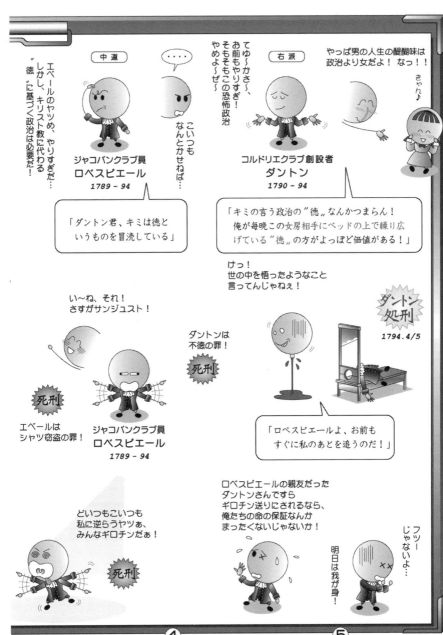

次から次へと、どれだけ「反革命分子」を断頭台(ギロチン)送りにしても、一向に上向かない政治・経済。

―― なぜだ！？

政敵どもはあらかた断頭台(ギロチン)に送った！

邪魔者はいなくなり、私の"理想"とする政策をつぎつぎと打ち出しているというのに、なぜこうも何もかもがうまくいかないのだ！？(*01)

そこで、ロベスピエールの八つ当たりの矛先は、つぎに「キリスト教」に向かいます。

―― キリスト教が革命の進行を妨げている！

こうしてロベスピエールは、「キリスト教の破棄」を宣言し、国内からあらゆる"キリスト教色"を一掃するべく、まず手始めに、暦(カレンダー)を変えます。

当時使っていた暦(カレンダー)は「グレゴリウス暦」といって、ローマ教皇が定めたものだったからです。

革命暦（共和暦）

1793.10/5 ― 1805.12/31

ヴァンデミエール	Vendemiaire	葡萄月	9月22日 ～ 10月21日
ブリュメール	Brumaire	霧　月	10月22日 ～ 11月20日
フリメール	Frimaire	霜　月	11月21日 ～ 12月20日
ニヴォーズ	Nivose	雪　月	12月21日 ～ 1月19日
プリュヴィオーズ	Pluviose	雨　月	1月20日 ～ 2月18日
ヴァントーズ	Ventose	風　月	2月19日 ～ 3月20日
ジェルミナール	Germinal	芽　月	3月21日 ～ 4月19日
フロレアール	Floreal	花　月	4月20日 ～ 5月19日
プレリアール	Prairial	牧草月	5月20日 ～ 6月18日
メシドール	Messidor	収穫月	6月19日 ～ 7月18日
テルミドール	Thermidor	熱　月	7月19日 ～ 8月17日
フリュクチドール	Fructidor	果実月	8月18日 ～ 9月16日
サンキュロット	Sans-Culottide		9月17日 ～ 9月21日

(*01)「現実」も見ずに、「理想」だけを追い求めて、それで政治がうまくいくのなら、地球はとっくに"地上の楽園"となっていたでしょう。
それは「現実」が見えていない中学生の発想です。ロベスピエールは、所謂「中二病」を発症したまま、治癒することなく大人になってしまった人物と言えます。

新暦は「革命暦（共和暦）」と呼ばれ、
・紀元元年元日はグレゴリウス暦1792年9月22日（共和国建国記念日）。
・1年はグレゴリウス暦と同じ12ヶ月だが、
・ひと月はすべて30日で統一し、
・1週間は10日（したがって、ひと月はちょうど3週間）
…としました。
　わかりやすさを重視し、すべてキリのよい数字にしたのですが、そうするとどうしても年に5日と6時間余ってしまうため、これを「サンキュロット月」として、すべて休日（革命祭典日）とします。
　さらに。
　山岳派の急進派エベール（A-2/3）らが、さらなる"脱キリスト教"を推し進めんと、ノートルダム大聖堂（＊02）を差し押さえ、これを「理性の寺院」（A-1/2）とし、オペラ女優に"理性の女神"を演じさせ、「理性の祭典」（B-1）を挙行させます。

（＊02）フランスの中心はパリ。そのパリの中心はシテ島（セーヌ川の中洲）ですが、そのシテ島の中心といわれるのが、このノートルダム大聖堂です。つまり、ノートルダム大聖堂こそ「全フランスの中心」であり、案内板の「パリまで○km」というのは、ノートルダム大聖堂までの距離だったりします。

ところで。

　粛清が進み、あらかた外敵がいなくなれば、今度は、内部分裂を起こす――というのが世の常です。

　当時の山岳派も、このころから、急進派のエベール、中道派のロベスピエール（A-4）、穏健派のダントン（A-5）に分かれ、徐々にその亀裂が深くなってきていました。

　そこで、貧民の歓心を買うため、「風月法」（＊03）がサンジュストによって提議されると、ロベスピエールはこれを通過させようとします。

　これは、
「革命に協力的でない金持ちを一方的に"反革命分子"と決めつけ、
　その全財産を没収し、その富を貧民たちに再分配しよう！」
…という過激なもので、これを実施すれば、貧民は喜ぶでしょうが、当時公会議員のほとんどは「資産家」でしたから、彼らの本心は「絶対反対！」です。

　しかし。

　今まさに粛清の嵐が吹き荒れている中、ここで「反対！」と叫べば、それこそ"反革命分子"のレッテルを貼られて、翌日には胴と首が離れてしまうかもしれません。

金持ちどもを"反革命分子"と決めつけ、ヤツらの財産を一方的に没収、貧民たちに無償で分配しよう！というものです！これで、貧民たちから、さらなる革命の支持を得られるでしょう！

公安委員会 委員
サン＝ジュスト

風月法
ヴァントーズ法
（Ventose 8）

（＊03）「風月」というのは、さきほど定められたばかりの「革命暦」の月の名前です。

そこで、公会議員は、思案を巡らせます。
「ここは一応、賛成票を投じておこう。
　いざ施行となったら、こんなものウヤムヤにしてやればいい。
　な〜に、ロベスピエールだって、こんな非現実的な法を、
　まさか本気で施行しようだなんて思ってやしないだろ(＊04)」
　こうして、「風月法」は"満場一致(＊05)"で議会を通過。
　貧民たちの熱狂と喝采を得たタイミングで、ロベスピエールは粛清を開始。
　まずはエベールを逮捕します。(C-2/3)
　直接の逮捕理由は「シャツ窃盗罪」。
　露骨なまでの"別件逮捕"。
　しかし、もはやこのころは、「逮捕」や「裁判」など、ただ「殺戮」するための口実・形式にすぎませんでしたから、何でもよかったのでした。
　それにしても。
　ここに至るまで、何百人もの政敵を断頭台へ送り込んだエベールです。
　自分の最期くらい、堂々としているのかと思いきや。

(＊04)"現実"がまったく見えていないロベスピエールは「本気」でしたが。
(＊05)ほとんどの議員が「心情的には反対」なのに、結果は「可決」。
　　　これは、ルイ16世の死刑判決の状況とも似ています。
　　　どちらも「無記名投票」であったなら、否決されていたことでしょう。

死刑判決が出ると、ワーッと子供のように泣きじゃくり、断頭台(ギロチン)の前ではガタガタと震えて命乞いをし、その狼狽(ろうばい)ぶりは、周りの者が引くほどだったといいます。（＊06）
　こうして、エベールも歴史の舞台から消えていきました。
　さあ、つぎは、その返す手で、即行ダントンも逮捕、処刑！
…といきたいところでしたが、さしものロベスピエールもこれには躊躇(ちゅうちょ)を覚えました。
　多少意見の違うところはあれど、これまで２人は革命をともに戦ってきた盟友であり親友だったからです。
　そこで、最後の望みをかけ、ロベスピエールはダントンの家を訪ねます。
　彼の家では、夕食を共にしながら政治論議が交わされました。
「政治には、どうしても"徳"が必要なのです！
　"徳"なくして政治は機能しませんが、恐怖なき"徳"はあまりに無力！
　ですから、恐怖政治(テルール)はどうしても断行せねばならないのです！」

（＊06）小心者というのは、自分がいじめの対象とならないために、率先していじめの先頭に立つことがあります。エベールもそうだったのでしょう。
　　　　恐怖政治の間に多くの者が断頭台に散っていきましたが、ほとんどの者は毅然として死に臨んだのに対し、我を忘れて取り乱したのは、彼とロラン夫人くらいだったといいます。

第4幕　エベールとダントンの処刑

　これは、ロベスピエールがダントンに与えた最後のチャンス。
「彼を殺したくはない！
　ダントンが私の主張に賛同してくれたなら、彼を処刑するのは思いとどまり、もう一度、彼と共闘する道を模索しよう！」
　ロベスピエールは、祈るような気持ちでダントンに同意を求めます。
　しかし。
　こうしたロベスピエールの想いとは裏腹に、ダントンは傍らに座る16歳の新妻を抱き寄せつつ、口元を緩め、人を小バカにしたようなため息をついて答えます。
――ふん！　"徳"だと？
　　キミの言う政治の"徳"など実にくだらん！
　　"徳"と言うなら、この俺が毎晩毎晩、この女房相手にベッドの上で繰り広げている"徳"の方がよっぽどいいもんだぜ！（A/B-5）
　もちろんこれは、ダントン一流の冗談（ジョーク）だったのでしょう。
　しかし、マジメ一徹のロベスピエールには、この手の冗談は一切通じません。
「ダントン！！　あなたって人は…！　あなたって人は…！！」
　怒りに打ち震えるロベスピエール。
「あなたは"徳"というものを冒瀆している！！」（A/B-3/4）
　怒り心頭のロベスピエールはそのまま席を立ちます。
　交渉決裂。
　ロベスピエールがダントンの処刑を決意した瞬間でした。
　ただちに、ダントンとその郎党は逮捕！
　そして、裁判、判決、即日処刑と決まります。
　ダントンは、刑場に向かう途中、ロベスピエールの下宿の前を通りました。
　彼がその窓を見上げると、「顔を合わせたくない」とロベスピエールが言っているかのように、その窓はぴったりと閉まっています。
「ロベスピエール！　何をコソコソ隠れている！？
　お前もすぐに俺のあとを追うのだぞ！」
　ダントンの叫びに対し、その窓の向こうでは、目を閉じ耳をふさいで書斎の奥で固まっているロベスピエールの姿がありました。

「首斬り人になるより、首を斬られる方がマシさ!」
「死んだってかまうものか。俺は充分人生をたのしんだからな!」
　これまで、さんざん毒舌を吐き、虚勢を張ってきたダントンでしたが、いざ、断頭台(ギロチン)の前に立つと、さすがの彼も、苦悶(くもん)の表情に顔がゆがみます。
――死にたくない!
　そんな心の叫びが顕(あらわ)れたか、はたまた愛妻の顔がよぎったか。
「ええい、ダントン!　弱気を起こすな!」
　彼は自分自身を奮い立たせ、死に臨みました。
　享年34。
「俺の首を人民の前に掲げるのを忘れるな。それだけの値打ちはあるぞ」
　これが、虚勢を張ってみせたダントンの最期の言葉でした。
　さあ、これで邪魔者はいなくなった!
　以後、公会(コンヴェンシオン)はただただロベスピエールが提議したものを、審議も討論もなく、流れ作業のようにつぎつぎと可決するだけとなります。
　ついに、ロベスピエールの独裁(ディクタチュール)は頂点を極め、思うがままの"理想"を実施できる体制が整ったのです。
　にも関わらず。

政治も経済も一向に上向かない。
　根本原因はロベスピエールの無能にあるのですから当然ですが、いまさらそれを認めるわけにはいきません。
── まだまだ「反革命分子」が蠢いている！
　　彼らを絶滅することが肝要だ！
　エベールとダントンの処刑によって恐怖政治は収まるどころか、こうして日に日に激化の一途をたどります。(D-3/4)(＊07)
　しまいには、裁判円滑化のために、被告人に弁護士・証人がつくことを禁止、予備審問も供述も廃止、心証だけで判決を下す(牧草月法)ようになります。
　もはや「裁判」の体裁すらかなぐり捨て、周りの者は戦々恐々。
「あのダントンですら断頭台送りを免れなかったのに、
　いったい、他の誰が安心していられるというのか！」(D-4/5)
「やつとペイシストラトス(＊08)とどこが違うというのか！？」(D-1/2)
　こうして、ロベスピエールは、どんどん孤立を深めていくことになります。

(＊07) マリー＝アントワネット処刑以後、毎月60～70人ほどが断頭台に送られていましたが、エベールの処刑を境として、以降は毎月毎月倍々ペースで増えていきます。
　　　3月が116人、4月が155人、5月が約350人、6月が約500人、7月が約800人。

(＊08) 古代ギリシアのアテネ市の独裁者。

Column 徳か、才か

　ロベスピエールは「清廉の士」「革命の良心」などといわれます。
　弁護士時代は言うに及ばず、権力の座に就いたのちも、ダントンのように汚職まみれになることはなく、賄賂はいっさい受け取らず、贅沢もせず、女も抱かず、道楽もなく、清貧な生活をつづけ、ただひたすらに自分の理想とする社会の実現のため、政務に勤しむ。
　古代ギリシアの哲学者プラトンは言っています。
「高度な哲学理念を備え、徳高く、私利私欲のない者（哲人王）が独裁（ティランノス）を敷く国家（哲人国家）こそが、理想国家である！」
　それでいえば、まさにロベスピエールこそが、プラトンが恋い焦がれながら彼の時代にはついに現れなかった「哲人王」であり、ロベスピエールによる独裁（ディクタチュール）こそが「理想国家」ということになります。
　もし、プラトンが生きていれば、哲人王の登場に喝采を送ったことでしょう。
　しかし、これとは対照的に、魏の曹操は言います。
「陳平（漢の軍師）のように、女にだらしなかろうが、収賄していようが、そんなことはかまわん。"才"ある者ならこれを登用する。
　政治に必要なのは、徳よりも才だ！」
　曹操ならば、ロベスピエールを下野させ、ダントンを登用したことでしょう。
　ロベスピエールは、大マジメに「"徳"を以て、フランスに平和をもたらしたい！」と願ったのかもしれません。
　彼はそれに見合うだけの「徳」も有していたかもしれません。
　しかし、彼には政治の「才」というものがまったくありませんでした。
　それが彼の不幸であり、フランス全体の不幸となっていきます。
　こうして、ロベスピエールによって、「混乱期にあっては、政治に必要なのは"徳よりも才"」ということが証明される形となります。
　（プラトンも曹操も「混乱期の国家体制」について述べています）

第5章 ジャコバン独裁

最終幕

絶頂と終焉
テルミドール9日のクーデタ

日に日に孤立を深めていくロベスピエール。「運命の日」は熱月9日であった。その日突如として公会にシュプレヒコールが響く。「暴君打倒！」こうして、ロベスピエールの独裁はあっけなく終わる。彼の死は同時に、フランス革命の事実上の終熄をも意味していた。ひとつの時代が終わりを告げる。

「暴君打倒！」
「最高価格制打倒！」

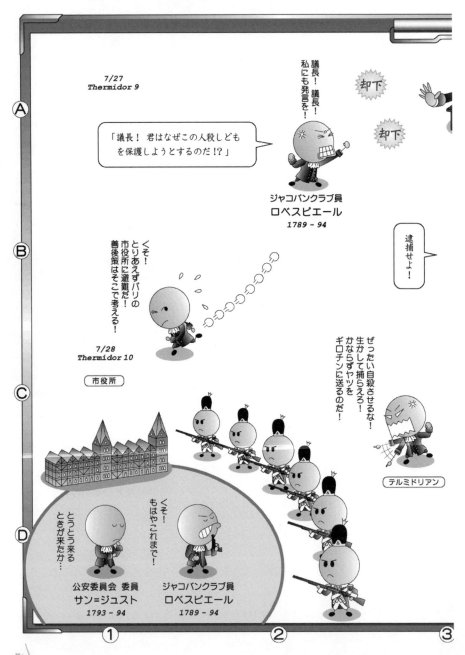

最終幕　テルミドール9日のクーデタ

1794年中葉

国民公会議長
ジャン=マリー
コロー=デルボワ
1794

「国民公会がロベスピエールを告発する勇気がないというなら、私がこの手でヤツの胸を突き刺してやる決意で、こうして短刀を持ってきた！」

どっちが人殺しだ！
おめえにだけは
言われたないわ！

保安委員会委員
ジャン=ランバート
タリアン
1793 - 94

「暴君打倒！」
「暴君打倒！」

保安委員会委員
ジャン=ニコラ
ビヨ=ヴァレンヌ
1793 - 94

7/29
Thermidor 11

「暴君打倒！」
「最高価格制打倒！」

サンキュロット

暴君どもが首、
とくと見よ～っ！

「アデュー！」
（あばよ！）

頼みの綱のサンキュロットに
見棄てられては打つ手がない！

公安委員会 委員
サン=ジュスト
1793 - 94

ジャコバンクラブ員
ロベスピエール
1789 - 94

ベスピエール自身、自分が孤立化の一途をたどっていることを自覚していたようで、このころには、

—— 私はこれまでにないほど邪悪な人間から孤立しているのを感じる。(＊01)
—— 私は"革命の殉教者"となるであろう。

…などと言いはじめます。
　そのうえ、ダントンを断頭台(ギロチン)に送り込んでから以降というもの、ロベスピエールは、墓穴を掘るような政策・行動を繰り返すようになっていました。
　前幕でも触れた、牧草月法(プレリアール)もそうですが、さらにその翌日から、約1ヶ月間にわたって、彼は「病気」と称して、公　会(コンヴェンシオン)に出席しなくなったのです。
　これは、自殺行為と言ってよいものでした。(＊02)
　彼が姿を見せなくなったその1ヶ月間（革命暦の収穫月(メシドール)）に、反ロベスピエール派は、着々とクーデタの陰謀を巡らせることができたからです。
　収穫月(メシドール)26日は5回目の「革命記念日」でしたが、公の祭典が開かれることもなく、重苦しい雰囲気のなかで収穫月(メシドール)は閑(しず)かに過ぎていきます。

(＊01)「自分に敵対する者はすべて邪悪」と言い切るところに、彼の幼稚な一面が表れています。
(＊02) 彼がなぜこんな自殺的行動を取ったのか、よくわかっていません。本当に病気だったとは思えませんので、あるいは、何か「起死回生の策」があったのかもしれませんし、自分が"正義"と信じ、"理想"とする政治をしたにも関わらず、何もかもがうまくいかず、周りからどんどん孤立化していくことに絶望し、自暴自棄になっていたのかもしれません。

最終幕　テルミドール9日のクーデタ

　収穫月（メシドール）が明けて、熱月（テルミドール）8日。
　ロベスピエールは、ひさしぶりに公会（コンヴェンシオン）に出席するや、またしても自分の首を絞める発言をしてしまいます。
　──粛清されなければならない者がいる。
　これには公会（コンヴェンシオン）議員に動揺が走ります。
「その者の名は！？」「誰のことだ！？」との質問が飛び交いますが、ロベスピエールはこれに答えようとしません。
　これでは、すべての議員が明日には断頭台（ギロチン）送りにされる可能性があるわけで、反ロベスピエール派はただちに決起することを決意します。(＊03)
　そして、ついにその日はやってきました。
　翌日、共和暦2年の熱月（テルミドール）9日。(＊04)
　その日の空は、まるでこれから起こる出来事を暗示するようにして、暗雲ただよい、遠くから雷鳴が聞こえていました。
　ロベスピエールが公会（コンヴェンシオン）に赴（おもむ）くと、タリアンが演壇に上がって発言します。

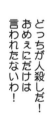
どっちが人殺しだ！おめえにだけは言われたないわ！

「国民公会がロベスピエールを告発する勇気がないというなら、私がこの手でヤツの胸を突き刺してやる決意で、こうして短刀を持ってきた！」

保安委員会委員
タリアン

「暴君打倒！」
「暴君打倒！」

保安委員会委員
ビヨ＝ヴァレンヌ

（＊03）彼はなぜこのような自殺的発言を？　この日の夜、彼は「今日の演説が私の最期の遺言である」と発言していますから、やはり彼は"自殺"したかったのかもしれません。

（＊04）グレゴリウス暦では「1794年7月27日」に相当します。

「国民公会(コンヴェンシオン ナシオナール)がロベスピエールを告発する勇気がないというのなら、私がこの手でやつの胸を突き刺してやる決意でこうして短刀を持ってきた！」

それに呼応して、ビヨ＝ヴァレンヌをはじめとする公会(コンヴェンシオン)議員たちが、一斉に騒ぎはじめます。（A-4/5）

「暴君打倒！」

「暴君打倒！」

これに驚いたロベスピエールも応戦。

──議長！　議長！！

　　私にも発言する権利を！(＊05)

しかし、議長コロー＝デルボワもグルです。

「ロベスピエール君が発言することは認めない！」

「却下する！」（A-3）

狼狽(ろうばい)したロベスピエールは拳(こぶし)を突き出して叫びます。

──議長！　議長！！

　　君はなぜこの人殺しどもを保護しようとするのだ！？（A-1/2）

これにはタリアンも「お前だけには言われたくないわ！」と思ったのでしょう、この発言に噛(か)みつきます。

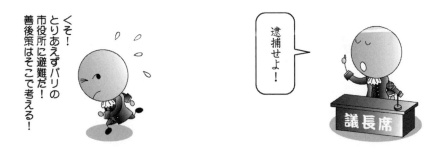

(＊05) この1ヶ月半ほど前、ロベスピエールが作った「牧草月法」で、被告人には何ひとつ発言・反論・弁明の権利は与えられませんでした。
　　その彼が被告の立場に回ったとき「私にも弁明の機会を！」とは、片腹痛いことです。

「諸君！ 聞いたか！？
やつは言うに事欠いて、我々を"人殺し"扱いしやがったぞ！」
　こうして、ロベスピエールには弁明の機会は与えられないまま、ロベスピエール派の逮捕が決議されます。
　いったんは連行されたロベスピエールでしたが、支持者に救出されて、なんとかパリ市役所まで逃げ込みます。(C/D-1)
　しかし、ロベスピエールの抵抗もここまで。
　周りを公会(コンヴェンシオン)の軍で包囲され(D-2)、そのまま再逮捕されることになりました。
　この逮捕劇のドサクサの中で、ロベスピエールは顎(あご)に銃弾を受けています。
　――もはやこれまで！！
　護身用の拳銃(ピストル)で自殺しようとして失敗した(D-1/2)とも、19歳の少年兵が発砲したためともいわれていますが、真偽のほどは定かではありません。
　彼は、顎(あご)の治療も受けることなく、即日裁判、死刑判決。
　もちろん、ロベスピエール自身が定めた牧草月法(プレリアール)により、なんら反論する権利も与えられないまま。
　翌日、ロベスピエール派22名の処刑が粛々と行われます。(C-4/5)
　サン＝ジュストの最期の言葉は「アデュー！（あばよ！）」。(D-3/4)
　享年26歳。

市役所

とうとう来るときが来たか…
公安委員会 委員
サン＝ジュスト

くそ！もはやこれまで！
ジャコバンクラブ員
ロベスピエール

ロベスピエールの最期の言葉は……残念ながら記録に残っていません。
享年36歳。
こうして、彼は、ついにその波乱の生涯に幕を閉じました。

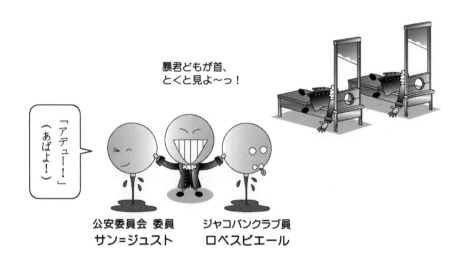

　この一連の事件を「テルミドール9日の政変(クーデタ)」と言いますが、この事件こそが、フランス革命の"絶頂(クライマックス)"であると同時に"墓標"でもあります。
　革命の完全なる終焉(しゅうえん)は、ここからさらに5年後の1799年の「ブリュメール18日の政変(クーデタ)」まで待たなければなりませんが、その「5年間」は、革命が急速に退潮(たいちょう)していく時代です。

1789年	バスティーユ襲撃事件	約5年間（フランス革命）
1794年	テルミドール9日の政変(クーデタ)	約5年間（ナポレオン抬頭(たいとう)）
1799年	ブリュメール18日の政変(クーデタ)	約5年間（ナポレオン統領）
1804年	ナポレオン皇帝に即位	約10年間（ナポレオン皇帝）
1814年	ナポレオン退位	

Column　王朝の正統性

長寿を誇る王朝が、かならず持っているもの。
それが「正統性(レジティマシー)」です。
この「正統性(レジティマシー)」をひと言で説明するのは難しいですが、あえていえば「歴史的、倫理的、道徳的、法的、その他の観点から、その国の民の共通理念として"正統"と認められたもの」…とでも申しましょうか。
こうした「正統性(レジティマシー)」を持ち得た王朝は「権威(オーソリティ)」という鎧甲冑(よろいかっちゅう)を身にまとうようになり、長期王朝となり得ます。
歴代中国王朝が、王朝創成期に必死に「易姓革命(えきせい)」を謳(うた)い、あくまで「禅譲(ぜんじょう)」を装(よそお)い、宮廷史家に「正史」を捏造(ねつぞう)させたのも、すべては旧王朝から「正統性(レジティマシー)」を継承せんがため。
ブルボン王朝も前ヴァロア王朝から正統性(レジティマシー)を継承できたからこそ、200年の永きにわたり、フランスという大国に君臨できたのです。
やがて財政破綻(はたん)を起こし、統治能力がガタガタになってもなお、国王に忠誠を誓う国民議会(アサンブレ ナシオナール)、怒りと殺意に満ちてヴェルサイユへやってきた女(マダム)たち(ヴェルサイユ行進)ですら、王家の姿を見ただけで「国王万歳！」を叫ぶのも、「正統性(レジティマシー)」をまとっているがゆえです。
しかし、国民公会(コンヴェンシオン ナシオナール)は暴走し、王家をことごとく断頭台(ギロチン)に送ってしまいました。
これでは、旧王朝から「正統性(レジティマシー)」を継承することができません。
この瞬間、フランス革命が、"血で血を洗うような"収拾のつかない混乱となることは、最初から「歴史の必然」だったのです。
ロベスピエールを筆頭とした山岳(モンターニュ)派の連中が、こんな基本的な政治常識のイロハも知らない、政治家としてまったくの"ズブの素人(シロート)"集団だったための悲劇でした。
"フランス革命の悲劇"は、革命が彼らのような政治に無知な"ド素人集団"に乗っ取られたことだったと言えるかもしれません。

すなわち、ここから先の5年間は、「歯止めが利かずに暴走した革命にブレーキをかける5年間」であり、いわば、革命とは"逆ベクトル"の努力がなされた時代です。
　そうした時代を「フランス革命の一部」として位置づけるべきかどうか、研究者たちの間でも意見が分かれています。
　まだ革命の余韻にあるのだから「フランス革命の後半」と見做（みな）すべきか、新時代の幕開けである「ナポレオン時代の前哨（ぜんしょう）」と捉えるべきか。（＊06）
　しかしながら。
　そうした専門的な歴史解釈などは学者に任せておけばよろしい。
　本書はあくまでも「初学者のための入門書」です。
　初学者が学ぶとき、「フランス革命の後半」として学ぶより、「ナポレオン時代の前哨（ぜんしょう）」として学んだ方が理解しやすい ── と筆者は考えます。
　したがって、本書はここでいったん筆を置き、ここから先の歴史は、また巻をあらためて解説したいと思います。

　ところで。
　フランス革命を起こした革命家たちは、その当初から「如何（いか）にしてこの革命を鎮火させるか」を考えつづけてきました。
　しかし、火というものは、付けるのは容易ですが、消すのは至難の業（ワザ）。
　革命家たちの意に反して、革命の火の手は燃え上がる一方で、完全に手が付けられなくなっていました。
　その炎に巻き込まれて「絶対王政」は焼け落ちたかもしれません。
　しかし、ハタと周りを見渡してみれば、あたり一面焼け野原。

（＊06）前者を代表する歴史学者に、ジョルジュ＝ルフェーブルが、
　　　　後者を代表する歴史学者に、アルベール＝マチエがいます。
　　　　どちらにも理がありますから、この期間は「前時代（フランス革命）」から「新時代（ナポレオン時代）」を結ぶ"過渡期"と理解するのがよいと思われます。

革命前よりももっとひどい「恐怖政治(テルール)」という焦土(しょうど)が広がるばかり。
　どうしてこんなことになってしまったのでしょうか。
　それは、彼らが自分で"火"を付けておきながら、その"消し方"を知らなかったからです。(＊07)
　革命政府は、自らでしかしたことの尻ぬぐいもできなくなり、万策尽き、出口も見えず、進退谷(きわ)まっていったのでした。
　しかし。
　そこに、まだ20代そこそこの容姿端麗な若者が彗星(すいせい)の如く現れ、アッという間に革命の後始末をしてしまいます。
　その若者の名こそ、ナポレオン＝ボナパルト。
　── ナポレオン時代の到来 ──
　彼の登場により、そこから先の20年は、彼を中心に歴史が動いていくことになります。
　歴史はいよいよおもしろくなってきますが……且聴下文分解(しばらくかぶんのときあかしをきけ)！

(＊07) これは「どうやって戦争を終わらせるか」を考えずに太平洋戦争を起こした、旧日本軍の愚挙を彷彿とさせます。誰も「止め方」を知らないのですから、戦局はどんどん拡大していく一方となり、ドロ沼戦争の惨劇を生むことになりました。
「始める者」は、かならず「終わらせる展望」を持たなければなりません。
その自覚のない者は、「始める資格」もまたないのです。

Column　ルイ17世の最期

　ルイ16世の首が断頭台(ギロチン)の下にころがった瞬間、「共和国万歳！！」と民衆の歓声があがりました。
　タンプル塔のマリー＝アントワネットは、それを聞き届けると、傍(かたわ)らに立っていた息子のルイ＝シャルルに跪(ひざまず)き、こう言いました。
「新国王、ルイ17世陛下。
　ご即位、おめでとうございます」
　しかし、彼女と息子はまもなく山岳(モンターニュ)派によって引き離され、牢番シモンの下(もと)で、シャルルは想像を絶する虐待を受けることになります。
　世が世なら「国王」として君臨するはずだった彼を、牢番の雑用としてコキ使う、罵倒(ばとう)する、脅(おど)す、暴力を振るうなどは序の口。
　まだ8歳のルイ17世を娼婦に強姦させ、性病にさせる。
　自慰を教え込み、「母(マリー)に教えられた」「近親相姦があった」との書類に強制的に署名(サイン)させる。
　やがては、光もほとんど入らない、トイレすらない、鉄格子のかかった狭い部屋に押し込められます。
　清掃も換気もさせなかったため、排泄物まみれ、ノミ・シラミ・ネズミだらけの不潔な部屋で、やがてクル病となり、毎日毎日「暴君のガキめ！」「せむし野郎が！」と罵(ののし)られつづける日々を送ります。
　百歩譲って親に罪があったとして、まだ8歳の子に何の罪があったというのでしょう。
　すべてはエベールら、山岳(モンターニュ)派の管理下でさせたことです。
　口先で「人民の平等」を説きながら、一皮剥(む)けばこんなものです。
　しかし、やがて天罰は下り、山岳(モンターニュ)派の連中がことごとく断頭台(ギロチン)の露と消えていくと、シャルルは復権した熱月(テルミドリアン)派によって救出されます。
　しかし、何もかもが遅過ぎました。
　もはや歩くこともできないほど衰弱しきっていたシャルルは、それからほどなく息を引き取ります。享年10歳。

■ おもな参考文献（順不同）■

福井憲彦『世界各国史12 フランス史』山川出版社
大野真弓『世界の歴史8 絶対君主と人民』中央公論社
桑原武夫『世界の歴史10 フランス革命とナポレオン』中央公論社
河野健二『世界の歴史15 フランス革命』河出書房新社
豊田堯『市民革命の時代』講談社
エドマンド＝バーク『フランス革命の省察』みすず書房
アーサー＝ヤング『フランス紀行』法政大学出版局
遅塚忠躬『フランス革命 歴史における劇薬』岩波書店
ジュール＝ミシュレ『フランス革命史 上下巻』中央公論社
アルベール＝ソブール『フランス革命 上下巻』岩波書店
Madame Campan『Memoirs of Marie Antoinette』
　　　　　　　　　　　　　　　　　　　Kessinger Pub Co
歴史学研究会『世界史史料6 ヨーロッパ近代社会の形成』岩波書店
大橋武夫『図解兵法』ビジネス新社
藤原宰太郎『死の名場面』ＫＫベストセラーズ
村川堅太郎『詳説世界史 教授史料』山川出版社
松村劭『世界全戦争史』Ｈ＆Ｉ
小沢郁郎『世界軍事史』同成社
『世界の戦争・革命・反乱 総解説』自由国民社
『図説世界の歴史4 大西洋時代の開幕』学研
イアン・バーンズ『大陸別世界歴史地図1 ヨーロッパ大陸歴史地図』東洋書林

神野 正史(じんの まさふみ)

河合塾世界史講師。世界史ドットコム主宰。ネットゼミ世界史編集顧問。ブロードバンド予備校世界史講師。歴史エヴァンジェリスト。1965年、名古屋生まれ。出産時、超難産だったため、分娩麻痺を発症、生まれつき右腕が動かない。剛柔流空手初段、日本拳法弐段。立命館大学文学部史学科卒。既存のどんな学習法よりも「たのしくて」「最小の努力で」「絶大な効果」のある学習法の開発を永年にわたって研究し、開発された『神野式世界史教授法』は、毎年、受講生から「歴史が"見える"という感覚が開眼する!」と、絶賛と感動を巻き起こす。「歴史エヴァンジェリスト」として、TV出演、講演、雑誌取材、ゲーム監修など、多彩にこなす。著書に『世界史劇場 イスラーム世界の起源』『世界史劇場 日清・日露戦争はこうして起こった』『世界史劇場 アメリカ合衆国の誕生』『世界史劇場 イスラーム三國志』他(ベレ出版)、『神野の世界史劇場』(旺文社)など多数。

世界史劇場(せかいしげきじょう) フランス革命の激流(かくめいのげきりゅう)

2015年3月25日	初版発行
2021年2月22日	第3刷発行

著者	神野 正史(じんの まさふみ)
DTP	WAVE 清水 康広
校正協力	株式会社ぷれす
カバーデザイン	川原田 良一(ロビンソン・ファクトリー)

©Masafumi Jinno 2015. Printed in Japan

発行者	内田 真介
発行・発売	ベレ出版
	〒162-0832　東京都新宿区岩戸町12 レベッカビル TEL.03-5225-4790　FAX.03-5225-4795 ホームページ　http://www.beret.co.jp/ 振替 00180-7-104058
印刷	モリモト印刷株式会社
製本	根本製本株式会社

落丁本・乱丁本は小社編集部あてにお送りください。送料小社負担にてお取り替えします。

本書の無断複写は著作権法上での例外を除き禁じられています。
購入者以外の第三者による本書のいかなる電子複製も一切認められておりません。

ISBN 978-4-86064-429-1 C0022　　　　　　編集担当　森 岳人

もっと世界史劇場を堪能したい方へ

筆者(神野正史)は、20年以上にわたって河合塾の教壇に立ち、そのオリジナル「神野式世界史教授法」は、塾生から絶大な支持と人気を集めてきました。

しかしながら、どんなにすばらしい講義を展開しようとも、その講義を聴くことができるのは、教室に通うことができる河合塾生のみ。モッタイナイ！

そこで、広く門戸を開放し、他の予備校生でも、社会人の方でも、望む方なら誰でも気兼ねなく受講できるように、筆者の講義を「映像講義」に収録し、

「世界史専門ネット予備校 世界史ドットコム」

を開講してみたところ、受験生はもちろん、一般社会人、主婦、世界史教師にいたるまで、各方面から幅広く絶賛をいただくようになりました。

じつは、本書は、その「世界史ドットコム」の映像講座をさらに手軽に親しめるように、と書籍化したものです。

しかしながら、書籍化にあたり、紙面の制約上、涙を呑んで割愛しなければならなくなったところも少なくありません。

本書をお読みになり、もし「もっと深く知りたい」「他の単元も受講してみたい」「神野先生の肉声で講義を聴講してみたい」と思われた方は、ぜひ、「世界史ドットコム」教材も受講してみてください。

世界史ドットコム講座例　http://sekaisi.com/

世界史劇場
イスラーム世界の起源
神野正史 著

A5 並製／本体価格1600円（税別） ■ 280頁
ISBN978-4-86064-348-5 C2022

世界史劇場 日清・日露戦争は
こうして起こった
神野正史 著

A5 並製／本体価格1600円（税別） ■ 336頁
ISBN978-4-86064-361-4 C2022

世界史劇場
アメリカ合衆国の誕生
神野正史 著

A5 並製／本体価格 1600 円（税別） ■ 288 頁
ISBN978-4-86064-375-1 C0022

世界史劇場
イスラーム三國志
神野正史 著

A5 並製／本体価格1600円（税別） ■ 320頁
ISBN978-4-86064-387-4 C2022

世界史劇場
第一次世界大戦の衝撃
神野正史 著

A5 並製／本体価格1600円
ISBN978-4-86064-400-0 C2022 ■ 320頁

世界史劇場
ロシア革命の激震
神野正史 著

A5 並製／本体価格1600円
ISBN978-4-86064-416-1 C2022 ■ 328頁